JN418640

천 년의 하루, 하루

천 년의 하루, 하루

천태산은행나무를사랑하는사람들

詩와에세이

2012

차례

엿기름

강경호

어머니의 일생은
키우지 못할 푸른 싹을 내미는 것이었다
언제나 햇볕에 자신을 내다놓고
쭈글쭈글 늙어가는 것이었다

명절을 앞두고
부쩍 늙어갔다
기꺼이 자신의 몸을 맷돌에 갈면
흰 뼛가루가 흘러내렸는데
키우지 못한 푸른 싹이
식혜가 되고 단술이 되었다

팔순이 넘었지만
더 마를 게 있는지
베란다에 자신을 널어놓고
말랑말랑 말라간다

요즘 들어 비쩍 마른 몸에
커다란 젖이 퉁퉁 불어있다
그런 어머니에게서
어미 개처럼 단내가 난다

별

강금희

밤이
교활한 뱀처럼
기어들어오고
가슴 한 귀퉁이에
집을 짓고 있다

낮에 먹은 햇살 한 조각
천년 묵은 우물에서 눈물 한 대야
가져다가 집을 짓는다

밤하늘 별판에 널브러져 있는
가랑잎 긁어모아
군불을 지펴보지만

지붕에 내린 은빛 눈으로
까칠하게 얼어붙은 손

시간은 여명을 향하여
숨이 차고

뱀은 느긋하게
똬리를 튼다

0.1 데시벨의 사랑

—0.1 데시벨(dB)의 소리는 어떤 소리일까? 인간이 들을 수 있는 소리의 상대적인 크기를 나타내는 단위인 데시벨, 인간은 0에서 160 데시벨까지의 소리를 들을 수 있다고 한다

강대선

오래전 네가 크나큰 그리움으로 나를 불렀던 것이다
그 울음소리가 우주의 끝에 도달하고서
다시 까마득한 거리를 건너 나에게 왔던 것이다

나에게 오기 전
네 울음소리는 하마하마 날갯짓하는 해오라기 깃털에 쓸려 지나가는 바람소리에
잠시 머뭇거리기도 했을 것이다
금빛으로 빛나는 호수의 잔물결에 흔들리기도 했을 것이다

그러다가 이른 아침 바람을 타고
아파트 난간에 앉아 하늘을 우주를 바라보는 옛사랑의 이마에 흘러내린
머리칼을 수줍게 건드렸던 것이다

그러니까 소리의 경계를 미세한 차이로 넘어선다는
0.1 데시벨의 소리로 너는 마침내 나에게 왔던 것이다
우주를 건너온 그 크나큰 0.1 데시벨의 사랑이
문득 내 가슴을 우주처럼 울리면서

바람 선생

강상기

구름 떠다니는 것은
유랑 좋아해서가 아니라
바람 뜻 따라
바람 모습 보여주는 것

사이좋은 구름끼리도
검은 망토 걸치고
불칼 휘두르며
폭발음이 천지 뒤흔드는
이 싸움 배후에는
바람이 있으나
그에게도 꿈은 있다

바람이 나무 꿈꾸면 나뭇잎 되고
바다 꿈꾸면 파도가 된다
호수 꿈꾸면 거울이 되고
꽃 꿈꾸면 구름꽃 된다

꿈은 모습 바꿔 나타나
허리케인도 일으키지만
바람은 구름 걷어놓고
여기 하늘 있음 알라
넌지시 일러준다

법주사 입구

강서완

화단 가득한 엉겅퀴
호랑나비 서넛
휘청휘청 들락댄다

한 무리 여자들
꽃다운 얼굴로 다가와도
나비는 아랑곳없다

필경 서로 처음이다
묘한 유혹에도 끄떡없는
저 얇은 날개의 힘

은행나무

강성남

내겐 아름드리나무 한 그루 서 있다
까마득한 세월에 길들여지지 않는
깊은 숲의 나뭇잎 전사가 되어있다

제 몸의 꼬리뼈를 땅속에 못질해 박은 채
가지마다 새파랗게 줄이어 앉아있는 잎들
흘러내리는 햇빛의 힘을 꼬옥 쥐고 있다

옴팍하게 모여서 조용히 머리 기울이며
가지에 굳은 심지를 가다듬고 앉은 황금알
기억하지 않았던 잠언들을 훅훅 뱉어낸다

4백 년의 아픔이 새소리로 오르내린다
많은, 움직이는, 지친 생명들이 날아와
그의 그늘 아래로 날개를 접어대는 나무

은행나무 친견(親見)

강세화

놀면서 쉬면서 바람처럼 떠돌다가
영국사에 당도하였습니다.
큰스님 같은 은행나무가
눈부시게 우뚝 서 있었습니다.
잠시 가슴을 쓸어내리고
두말없이 그늘 안에 빠져들었습니다.
금세 그렇게 마음을 바치고
펄펄한 기운을 온몸으로 받으면서
한참 동안 우러러보았습니다.
거짓말 안 하는 세월이
새파랗게 뻗치고 있었습니다.
굳이 내력을 듣지 않아도
정정한 속내를 짐작할만하였습니다.

단풍

강신용

나는 알고 있다

역사에도
교과서에도 없는

10월 혁명

꽃산딸나무

강영은

어두워가는 하늘에 꽃 모가지를 드리운 나무 성자
가로 세로로 얽힌 몸통이 목전에 흰 피를 드리우네
창백해가는 얼굴은 바람과 비례로 쏟아지네
"너의 꽃잎은 십자가 모양을 하되 가운데에는 가시관을 두르고
꽃잎 끝에는 핏자국을 닮은 무늬를 지닐 것이다"
자신을 매단 꽃산딸나무에게 예수가 말했다지
그 말은 네가 가엾다는 말, 너를 용서한다는 말이어서
백 년에 한번 피는 입술처럼 내 입술이 흰빛에 닿네
핏자국이 번진 흰빛은 얼마나 완벽한 생의 비유인가
피가 다른 두 사람이 하나의 슬픔에 닿은 것처럼
오늘에야 십자가가 된 나무의 슬픔을 아네
빛이 꺾일 때마다 점점 그윽해지는 꽃 색깔
수의처럼 따뜻하고 또한 서늘한 꽃 색이 아니었다면
나는 꽃산딸나무의 고통을 알지 못했으리
색깔론만 펼치는 풍경에 대해 순전한 향기를 게워내는
꽃산딸나무의 묵언은 더욱 몰랐으리
세상의 수많은 죄를 훔쳐 내 속에 묻어 두었으니
오늘은 나도 십자가를 짊어지네
수상한 향기만 남은 나무계단처럼 꽃산딸나무 등에 기대어
찰칵, 나를 못 박네 하늘만이 유일한 동행이네

나를 물었다

—영국사 지나며

강영환

망탑봉 넘어 계곡에 닿아
발을 물에 담그고 앉았다

곁에 누운 작은 돌멩이 한 개
흐르는 물에 무심코 던졌다

물소리가 달라졌다
물길이 달라졌다 이제

나는 어디로 가야 쓰나?

도피안사(到彼岸寺)가 멀다

강태규

초하루 환한 날
도피안사를 찾았다

앉은 키 91센티미터의 이 쇠부처는 어쩌자고
흙 속에서 또다시 나왔는지

대적광전 그늘 아래
금분(金粉) 뒤에 숨어 앉아
천 년을 푸르게 웃고 계시는 철불(鐵佛),

묻힌 짐승들의 울음도 쟁쟁할 텐데
내 업보는 여전히 가을이어서
들리지 않는다

금박이 가려우신가 보다
둘째손가락이 가렵다
귀가 가렵다

절집 검은 개,
앞다리를 핥다가 귀를 후비고 있다

겨울나무

강현욱

겨울나무에서
성자의 모습을 본다

차가운 칼바람 온몸으로 맞으며
꿋꿋이 홀로 버티어 서 있는

가늘디가는 나뭇가지 손끝도
시린 마음 한구석 붙잡아주고 있는

온 세상 뒤덮던 치기어린 푸른 잎도
한시절 물들이던 조로한 단풍잎도
경건히 맨땅 위에 내려놓은 채

희끗한 겨울 하늘과
옹골진 새봄이 머무르는
나뭇가지 끝자락
그 가득한 빈손이…

백련(白蓮)

고미숙

부운사(浮雲寺) 가는 길 연못에
학(鶴)들이 서 있다

경(經)을 읽고 있는 중이다

외발로 서서 읽는 경소리
은은한 향기로 퍼진다

다 읽고 나서 학의 무리
흰 날개를 펴고

못 속 깊은 하늘로 날아간다

떠난 자리에
설법 하나씩 남아있다

나를 일깨워준 침묵

고봉국

체념의 끝에서 불러보는 노래가사들.
떨어질 듯한 별을 적는 내 안의 나.
들리시나요?
아님
바라보나요?
하늘을 날고 싶은 작은 파랑새처럼.
추운 길목 굳은 현실에 갇혀버린 한 젊은이의 절규
오늘도 뜻 모를 길을 걸어요.
이미 오래전 갈 길을 잃었지만
어둠을 먹고 외로움을 견디면
고독을 물러나게 한다면
한때 젊음의 시기를 떨어뜨린 나에게도
따뜻한 봄비 내려주시겠죠.
메마른 가슴에 씨앗을 뿌린
파랑새는 오늘도 꽃을 피우기 위해
내 안의 나를 깨뜨리죠.
오늘도 최후처럼 최후를 맞는다 해도 내 안의 나는
한 편의 시를 적어
나에게로 부치겠죠. 햇살을 등지며

은행나무

고안나

은행나무 한 그루
담벼락이 온몸으로 받쳐주고 있다
죽자 살자 씨름하다
줄행랑쳐버린 바람
탓에, 지친 이파리들
들숨 날숨 내뱉는 마당가
뛰어내린 작은 잎들
오소소 몸 떤다
울음 끝, 고요해진 나를 말리고 싶은데
스멀스멀 스며드는
육중한 힘
무게조차 가늠하지 못한 채
눅눅하게 무너져내리는 허공
몸으로 몇 바퀴 감아가면서
죽을 힘 다해 떠받치고 섰다
하늘길 보이지 않는 까마득한 거리
허우적거리는 안개 사이로
초록 알맹이들 입 앙다문 채
가슴팍 혈맥 더듬고 있다

유성 떨어지다

고은산

앞산의 붉은 울음소리가 묵음으로 눈을 적시는 날에

어떤 말의 형상이 나를 떠나 탄환처럼 저무는 태양 쪽으로 튕겨나간다
눈꺼풀을 닫고 내 몸에 플라타너스 나무를 한참 동안 기대어본다

헛생각 하나 낚싯바늘에 끼워 마음의 바다에 던져본다
미늘에 걸린 설화 속 물고기 한 마리의 생각이
자박자박 요추를 타고 몸속으로 흐무러지는 늦은 오후,
일렁이는 물결 하나를 단단히 휘어 채며, 잡아당겨 본다
아가미 하나가 월척 하나를 낚싯바늘에서 예리하게 떼어낸다
저녁놀 몇 조각, 숨 쉬는 아가미 틈 사이 팔딱이고 있을 때
어둠 몇 조각 아가미 속으로 파고든다
밝은 별빛은 그 속으로 촉촉이 젖은 채 빨려 들어간다

생각을 멈추자
어둠이 실제, 햇볕을 모두 주워 마셔
사위가 컴컴하다

플라타너스 나무에서 몸을 떼어내
집 쪽으로 발을 뻗는 순간, 서쪽으로
어떤 말의 본색이 유성 따라 떨어진다

서낭당 돌무더기

고 철

육신을 떠난 그의 영혼을 보려고
돌 속으로 들어가 보았습니다

옛 돌 하나하나에도 지문이 있다는 걸 알았습니다

어머니의 영혼은 썩지 못하는 몸인지도 모르겠습니다

수족이 가난한 나의 형편을 위해
날마다 돌 한 개씩을 치마폭에 나르셨을

오호,

어머니는 미신이 아니었습니다

촛불

고희림

목을 건 붉은 말씀
한마디도 뱉지 않고 속을 태운다
겉으로 겉으로 친절하지만
속으로 속으로 울고 있는
이것이 나와 그대의 운명이라면
할 말이 없다
다만
소멸해가는 도중에
우리 사이에 어떤 시비(是非)가 있어
일순 비칠거리는 의심이 일거든
내 젖가슴 사이 불붓을 보아라
소상히 밝히려
각별히,
흘려,
쓴,
공산(共産) 화첩(火帖)을 보아라

수종사 뒤꼍에서

공광규

신갈나무 그늘 아래서 생강나무와 단풍나무 사이로
멀리서 오는 작은 강물과 작은 강물이 만나서
흘러가는 큰 강물을 바라보았어요
서로 알 수 없는 곳에서 와서 몸을 합쳐
알 수 없는 곳으로 멈춘 듯 흘러가는 강물에
지나온 삶을 풀어놓다가 그만 뚝!
나뭇잎에 눈물을 떨어뜨리고 말았지요
눈물에 젖어 반짝이는 나뭇잎이 가슴을 일깨웠어요
눈물을 사랑해야지 눈물을 사랑해야지 다짐하다가
뒤꼍을 내려오려고 뒤돌아보는데 나무 밑동에
누군가 단정히 기대어 놓고 간 시든 꽃다발
우리는 수목장한 나무 그늘에 앉아있었던 거지요
먼 후일 우리도 이곳에 와 나무가 되어요
그늘을 만들어 누구라도 강물을 바라보게 해요
매일 매일 강에 내리는 노을을 바라보고
해마다 푸른 잎이 붉은 잎으로 지는 그늘이 되어
한번 흘러가면 돌아오지 않는 삶을 바라보게 해요

새 이름표를 달다

곽구영

된장뚝갈 애기참반디 좀가지 솜방망이 방가지똥 도깨비부채 민눈양지 모래지치 말랭이 털장대 광대수염 개구리발톱 산자고 애기말발도리 소리쟁이 비짜루 메귀리 도루박이 좀보리사초 죽대아재비 민솜대 꽃, 꽃, 꽃

논두렁 밭두렁 산비알
외톨이거나 무리이거나
널브러져 자지러진다
저 아름다운 이름
다시 5월에 찾아와
사람과 꽃의
경계를 흔든다
나는 눈이 멀어
열 개의 더듬이 하나가 된다

새 이름표를 단
어린이가 된다

무심사에서

곽도경

전생을 만났다

한 삼백 년 전 그해 겨울
산속 암자에 버려졌던 그 아이
큰스님 옆에서 고사리손 호호 불며
예불을 드리고 있었다
마음을 비우려고 떠난 길 위에서
마음이 얼었다

무심이란 본디 관심이 없는 것
혹은 소유함을 초월한 마음일진대
무심사에서 나는 없는 마음이 터졌다

예불을 끝내고
숙소로 이어진 돌층계를 오르는
동자승의 뒷모습이 눈 속으로 들어와
그대로 부처가 되었다

나는, 오래전 그날처럼
울며불며 산에서 내려오다
열 번, 스무 번도
더 뒤돌아보고

나팔꽃

곽문연

담장을 허물고
창문도 열어놓고

창문 아래
나팔꽃씨 한 줌 심겠습니다
덩굴손이 창문을 타고 오르면
별을 삼킨 아침이
나팔소리에 깨어날 것입니다

꽃그늘 짙고
수수만년 바람을 모으는
나팔소리 창을 넘어
귀에 쏟아지면

집과 집 사이를 헤집고
먼 산이 성큼 마당으로 들어서고
바람소리 새소리도 따라오고

그늘도 깊어
바람이 서늘한 나팔꽃집

까맣게 별이 여물면
당신을 기다리며
꽃씨를 받겠습니다

무제(無題)

구광렬

나는 색종이의 색을 보지 않고
바랜 종이를 보련다
나는 종이를 보지 않고
종이일 수밖에 없었던 나무들을 보련다
나는 나무들을 보지 않고
나무이기를 바라던
바람과,
결코 사라지지 않을
… 구름들의 눈빛을 보련다

자작나무숲으로 떠나요

권미강

제법 찬바람이에요. 뼛속을 파고들어요. 제 어미의 젖무덤으로 파고드는 새끼 같아요. 내 몸이 간지러워요. 차라리 잘된 일이에요. 겨드랑이 속에 아직 온기가 남아있으니 밀치고 들어와도 상관없어요.

흰빛에 눈이 부셔요. 언 몸이 바스락거려요. 자작나무숲에는 나를 숨길 옹이가 남아있겠죠. 햇살이 어느새 내 뺨을 부비네요. 스르륵 눈이 감겨요.

묵비권

권순진

제 스스로의 격정으로 물든 저물녘
아마릴리스의 붉은 얼굴을 빌어
구름 속에 드러누운 여름날의 혈흔
구름의 터진 목책 사이로
슬금슬금 내비치는 하늘의 속살
입술과 입술 사이 조금 벌어졌으므로
저 붉은, 금기의, 눈부신, 환장할
낯익은 길 속에서 불러낸 오래된 풍경
하지만 주전자의 물은 끓어 넘친 지 오래
삐걱거리는 관절
엄지로 꾹 눌러 잠재우고
들키고 싶지 않은, 아니 들키고 싶은
미지근한 가슴만 열어
살갗에 자꾸 달라붙는 물 묻은 신문지처럼
건성으로 아주 잠깐 숏 타임으로 놀다

지독한 가을

권위상

어머니, 가슴이 터질 것만 같은 가을입니다.
언덕에 오르면 저녁노을 마구 타오르고요.
한켠 지나간 사랑 따위를 떠올리며
나도 마구 타버리는 것 같아요.

어머니, 이유 없이 머리카락 뭉텅 빠져버려요.
생(生)이 그물이라면
그 사이사이로 편두통, 치통 따위를 걸러 모아
되씹을 수 없는 고독과 함께 버리고 싶어요.

어머니, 지독한 가을입니다.
쓰디쓴 마약 같은 오한이 몰려오고
안경알은 닦아도 자꾸 흐려지고
한쪽 귀가 들리지 않네요.

어머니, 이 가을엔
따뜻한 어머니 자궁 속으로 돌아가고 싶어요.
다시는 몸서리치고 싶지 않아요.

주산지, 왕버드나무

권정남

백오십 년 묵은 왕버드나무가
물속에서 제 몸을 썩히고 있다
삭아 떨어져 나간 팔다리에
서리꽃 환하게 피운 채
풍경을 매단 듯 쩔렁쩔렁 소리를 내고 있다
연못은 오래된 사원처럼 정적이 일고
둥둥 누가 세워놓은 물속 수마노탑*일까
육탈한 뼈 하나 탑신을 받쳐 들고
휘파람새 한 마리 허공을 가르고 있다
무너진 관절, 나병환자처럼 문드러져 가는 육신을
말갛게 들여다보고 섰는 저 왕버드나무
업장소멸에 든 노승처럼 고요하기만 한데
물 위에 우뚝 솟은 백오십 년 묵은 수마노탑,
검게 빛나는 그 영혼의 사리탑이
사방 은싸라기 빛을 뿌리고 있다

* 빛이 아름답고 광택이 나는 검은빛 석영(石英)으로 만든 탑

만복래

권행은

하필 입춘날
허공을 휘저으며 벌러덩 넘어졌다

부끄러움도 잠시
눈뜰 수 없는 통증으로 세상이 다 깜깜한 사이
둥둥 북을 치며 올라오는 영혼과 목숨의 거리쯤에서
말씀이
싸락눈처럼 내려온다

설연휴를 마무리하는 산행이라
조심조심 로프로 붙잡는 가화만사성
작심삼일의 다짐처럼 네 번씩이나 넘어지다니
혀에선 벌써 단내가 난다

삶의 길이 얼음판이라고
해마다 수위를 높이는 산행길인데
꼼짝없이 하늘 쪽으로 누워버린 무릎은
아직 잔설이 가리운 봄기운 속에 묻혀있다

포기에 익숙한 발바닥이여
일어서지 못하면
굴러서 오라
얼음장이 보내오는 몸 편지였다

세심당 마루에 듣는 햇살

김경윤

찬 하늘을 건너온 노곤한 눈발들이
세심당 마루 위에 시린 발을 내리고
축축이 젖은 몸을 눕혔다

마루에 든 햇살이 따뜻한 손바닥으로
눈발의 지친 등을 어루만져주자
눈발은 금세 마른 몸으로
가뭇없이 허공 속의 길을 떠났다

지금쯤 천산남로의 어느 하늘을 건너고 있을
그 눈발의 행자들은 기억하고 있을까
그날, 세심당 마루에 들었던 햇살의 따뜻한 손바닥을
오늘 내가 전생의 어느 날인 것처럼
해바라기 하고 있는 이 마룻바닥을

봄비

김경호

잎눈 뒤로 하고
꽃잎 진다
지도에도 없던 길
환하게 밝히던
몇 날의 달그림자 이울던 자리

늙은 벚나무가 서 있는
봄비 뿌리는 동화사 입구
꽃잎은 일제히 손 흔들며
잠시 일주문 가는 길을 지우고
젖어드는 숲을 지운다

상처 없는 꽃눈 어디 있으리
황사바람 흩어진 굽이굽이
핏물 배인 꽃잎은 지고
푸른 연등이 흔들리는 풍경 속
오래 기다린 나도 지워진다

청국장

김광련

드실 때마다 사레가 들리시는 어머니, 콩대 부여잡고 시집살이할 때 인절미보다 본편이 더 구수하고 맛나다 하시더니. 애야, 출출한데 먹다 남은 인절미 없냐? 이 떡 저 떡 맛있다 해도 콩가루 살살 묻은 쫀득한 인절미가 최고야! 시할머니 살아생전 비린내 싫을 정도로 안치던 검정콩 약이라며 많이 안치라고 하신다. 안방 문 열자 청국장 냄새 피어나고 이불자락 뒤엉켜 삐걱거리고 한쪽 다리 부러진 안경 나뒹굴고 있다. 지독한 가난 새끼에게 물려주지 않으려고 뼛골이 내려앉도록 일만 하신 덕에 새끼 배 곪지 않았지만, 제때 치료 받지 못해 휘어진 어머니 척추, 반듯하게 펴주고 싶어.

천태산 은행나무

김금란

영국사 앞뜰에 풍경화처럼 서 있는
천년 살이 은행나무
명당 중 명당에 자리 잡아
천년 세월 뛰어넘는 청춘 같은 생명력

태풍이 몰려와 산자락 다 휩쓸어도
천태산 정기 온몸에 받아
해마다 알알이 영근 황금 열매
탱글탱글 내려놓고

노란 은행잎 나비처럼 나부끼며 내려앉아
스산한 가을바람에 딩굴딩굴 굴러서
살얼음 겨울 강 건너 어느 봄 찾아가는가?

찔레꽃에 잠들다

김금용

카메라를 들이대고 다시 찍어본다
여러 장 겹친 것도 아닌데, 왜일까
손으로 직접 찔레꽃잎 한 장을 벌여놓다가
아뿔싸, 떨어지는 꽃잎 한 장
아니 검은 물체 하나
아니, 아니, 벌 하나

중천이 다되도록 꽃 더미에 파고들어
뺨 부비며 속삭이다 사랑을 먹다 즐기다
꽃잎 자락 덮고 누워 잠이 든 모양
아침 해가 벌을 깨우고
하늬바람이 치근덕 눈치를 줘도
일어날 낌새가 없는 걸, 내가 훼방을 놓은 것이다
얼마나 꽃술을 빨았으면 후들거려 일어서질 못할까
얼마나 취했으면 독침 한 방 쏘지 못할까

뒤돌아보니
숲은 온통 사랑놀이 중
힘을 빼고 속삭이는 탄성에
귀가 따갑다

해방촌 1

김금희

비탈진 언덕

부서진 연탄재만큼
고단한 삶들

깊게 패인 낡은 운동화
질끈 동여맨 새벽
철없이 반짝이는 별빛이 서러워

단칸방 부뚜막
마지막 연탄 한 장,
시리디시린 손
장갑 속에 넣으며
휘이이이익!
앞장 서
나간다

살을 에는 아버지의 바람이

하늘나라 우체통

김기화

울음 끝에 매달려있는 상형문자야
새들의 부리가 지문으로 꺾인 날
바람을 저울질하던 어미는 시력을 잃었지
나뭇잎소리에도 놀란 심장은 가슴을 닫았어
계속된 허기에 부력으로 떠도는 하늘
날마다 조금씩 붉어진 노을은 혈서 같았지
시간이 멈춘 우물에서 길어올린 이끼는
가도 가도 끝없는 인연의 반점일까
점점 야위어가는 얼굴로 떠돌다
구름을 찍으면 소문인 양 파문이 일었지
네가 받아볼 수 없는 편지를 우체통에 넣으면
이상하게도 너는 밝은 음표를 달고 왔어
봄의 왈츠처럼 가볍게 스텝을 밟으면서 말야
엽서를 쓰듯 하늘로만 웃자란 나뭇가지는
시간이 갈수록 새의 형상을 닮아갔어
답장을 기다리다가 지쳤는지
시력을 잃은 어미는 환청에 휩싸였어
결코 날개를 접을 수 없는 완강한 몸으로
오늘도 상형문자를 채록하는 붉은 우체통
울음을 삼킨 하늘의 빛은 푸르른데

쉿, 비밀이야

김남희

내 마음 폭발 직전이야
시위 떠난 화살처럼
강렬한 그 눈빛

뛰는 가슴끼리
주고받는 무언의 약속

쉿, 그건 묵언이야
알지
밀애는 노출금지라는 거

익살스럽게 들썩이는
바람 한 자락
은밀히 묻어둔 씨앗이야

거울

김다솜

불빛 환한 바위에 누워

그녀는 물줄기 단절된 꽃을 본다

부스스한 머리 바르지 않은 입술에

진달래꽃잎을 바른다 바위 위,

아래, 훗날 무지개 피우려는 듯

분주히 서성이는 그림자

그녀를 죽이기도 하고

살리기도 하는 공간 속에서

날마다 꽃송이에게 물을 주는

또 다른 손길, 벗을 대로 다 벗고

한 권의 책을 만드는 그녀의 판토마임

꽃

김덕우

꽃들이 말을 건넨다
옥천 어디쯤인가 지나던 길
그들의 언어는 가슴으로부터 생겨났다
세상에 향기 없는 말 어디 있을까
지나는 누구든 걸음 멈추고
한 번쯤 뒤돌아보지 않을 수 없는
그들의 속삭임 세상을 온통 물들이며
우리가 알아들을 수 없는 말들을
쉴 새 없이 하고 있었다

은행나무 계단

김대봉

한철 금식을 하고 꽃 지기 전

산을 맞대고
걸어가는
두 줄, 나무를 보았습니다

하나는 뼈
또 하나는 꽃잎

숨 가쁘게 저려오는 적막 속에서

(나를) 버리세요
(나를) 버리세요

절간 같은 저 곡진한 부름에
발버둥치듯 돌아나서니

키 큰 계단 한가운데에
나이테만한 꽃잎이
걷고 있었습니다

한 끼 금식을 하고 해 지기 전

천 년을 걸어왔어도
뼛속을 도는
두 줄, 사내를 보았습니다

딸꾹질 4
—굵다

김　명

뿌리가 굵다

허리가 굵다

줄기가 가늘게 뻗어나간 허공이 푸르다

천년고찰을 감싸 안은 푸름이 노랗게 물든다

풍파에 시류에 한결같은

심지가 굵다

그곳에 네가 있다 내가 있다

활짝 펼친 날개 아래

싱싱한 꿈이 굵다

손길

김명은

노란 새 두 마리가 구만리장천을 날아간다
먼 곳과 가까운 곳이 바뀐다 언제부턴가

당신을 만진 손의 한계와 경계는 일치했다

나는 돌무더기 위로 또 돌을 던진다
더 높게 던져봐 왜 자꾸 별점(別點)을 향해 가는 거야

절벽이 보이는 산봉우리
끝없이 마지막인가를 생각하게 하는

나무도 온몸으로 울 때가 있는 것이다

폭포의 소용돌이가 시퍼런 날로 휘도는 나의 몸
접점(接點)을 향해 당신과 함께 뜨거워지고
끝내는 이렇게 합일이었던 것을

드넓은 가지 사이로 새의 그림자가 들어간다
당신 손바닥 안이다 착 달라붙는다
은행나무가 모든 슬픔을 떨구었으니 이제 됐다 당신,

문득,

김명지

전나무숲 길을 걸어보자 하여
길을 나섰다
앞서거니 뒤서거니 순서도 없이
아름드리나무 아래 고개를 숙이고 걷는데
여우비 내렸다

눈가의 주름은
가고 싶은 곳의 추억

장가들고 시집가는 누구는 좋겠다
우스갯소리가 우듬지에 닿는데
모퉁이를 도는 버스에 몸이 실린 듯
멀미가 난다

문득이란 전나무 길을 되짚어나갈 때
빗방울에 생긴 무늬 두어 개
눈가 주름으로 만드는 문득,

천 년의 하루, 하루

김명철

가릉거리는 사랑을 떠나 산길을 가고 있어요
천년 동안 어린 폭포가 마르고 있네요
바위틈에 돌멩이를 던져넣은 하루치의 운세가
미끄러져요 놀란 다람쥐처럼 내일이나 어제처럼
나에게서 빠져나가요
계곡물에 담그듯 흐르는 사랑에 담기고 싶었어요

아무래도 발목은 잡히라고 있는 건가 봐요
없는 눈길에도 무표정에도 환청에도 잡히고
발목에 발목이 잡히기도 해요
사랑이 도질 무렵 그러니까 참지 못하고 긁기 전에
떠난다고 할 걸 그랬어요 긁힌 사랑이
뒷걸음질로 산길을 나보다 먼저 오르고 있네요
나를 내려다보고 있네요

손이 발이 된 사랑을 보러 가요 은행잎처럼
노랗게 밟힌 사랑이 다시 뿌리내리는 것을 보러 가요

종종 구름

김명희

나는 구름을 피우지
까치발로 매달린 산딸구름 아라베스크 시계탑구름 모네의 수련구름 악견산 어깨구름 동영상으로 펼치려면 화질 좋은 하늘이 필요하지 유월 호수 들꽃찻집 다시 지운다 건듯 바람에도 자라는 연두 보라는 어디서 오나 초록이 물컹거리는 발목의 언덕은 점점 자라 무엇이 되나 자귀나무 정수리가 흔들린다 고양이 한 마리 흙을 덮고 있다 냄새나지 않게 낌새채지 않게
나는 외로움을 풍성하게 피우지 종종

코스모스

김미선

가을 하늘 향해 긴 목을 뽑은
작은 흔들림에도 화답한다
가녀린 몸으로 바람 견디는 것이
화두
말갛게 뚫어진 속내 환하다
얇은 가슴속
무얼 숨길 게 있나
불어오는 바람 가두지 못하는
누구에게도 마음 닫는 일 없는
산다는 것이
숨길수록 아프다는 것을 알고 있다
한 생애 넘어가도록
바람 앞에 풀어놓고
가을 들녘에 흔들리는 저 깊은 수행

내려다본 하늘이
여름 늦춰줄지 모르겠다
사랑, 조금 더
쏟아부을지 모르겠다

철새

김민호

겨울 한철 사용허가서 품고
금강하구로 날아든 가창오리떼
일몰 직후 군무를 펼친다
따뜻한 저녁을 찾아
썰물 때는 서천갯벌 쪽
밀물 때는 금강호 쪽을 황급히 오간다
자리 잡지 못한 날갯짓 속
숭—숭 비어가는 뼈
하늘 우듬지까지 솟은 고공비행
날개 하나 거리로 스치며 날아도
생은 결코 부딪히지 않는다
호수에 얼어붙은 파문
춤사위만 좇은 환호성이 지나면
누군가 던져줄 벼 이삭 몇 알
밀물과 썰물 오가는 세상 속에서
한 뼘 땅과 하늘에 곡예가 한창이다
날개를 접고 발을 붙인
텃새의 꿈을 자주 꿔도
시간이 기울면 떠날 철새라고
무관심한 해가 시들어간다
깊은 밤의 고랑으로
북서 계절풍도 곤두박질친다

삐비풀

김병휘

볼이 빨개졌다

잎새가 부끄러워졌다
삐비풀이 가을을 타고 있다
햇살이 푸른 잎에서 뛰놀다 붉게 물들고 있다
저녁이슬이 풀잎에 내려왔다
이슬 속에 햇살이 숨었다
부끄럽게 숨어있는 가을이
자꾸 깊어지고 있다
달빛이 창문을 기웃거리고 있다

볼이 빨개졌다

은행목

김산중

남평중 뜰에 선 은행나무 한 그루
봄부터 파란 잎을 파릇파릇 돋운다
네 나이 몇 살인가를 팔 벌려 헤아리면

개교한 햇수만큼 너도 함께 자랐으리
일제 때 열었으니 백 년쯤 된 것 같네
긴 세월 피고 자란 잎 몇 섬이나 떨궜을까

네 잎은 부채모양 양 갈래로 째져있고
쌀쌀한 가을바람 노랑노랑 물들어
그 잎새 약이 오르면 징코라민 원료란다

여름 내내 햇빛을 가려준 야외교실
서늘한 쉼터 마당 펼치어주더니만
서리 낀 세찬 바람에 황금 이불 깔아주네

달맞이꽃

김삼경

보이던 사람 보이지 않고
들리지 않는 목소리 따라
긴 강둑에 서서
돌아보면 찌르레기 울음소리
공명으로 돌아올 뿐,
밭일 나간 조씨 영감 며칠째 돌아오지 않더니
달맞이 고갯길 넘어갔다 한다
또 한 꽃잎이 모가지 꺾고
돌아오지 않을 고갯길 따라 늙어가리라

굳게 닫힌 대문 열릴 기미 보이지 않고
실신한 듯 쓰러진 마당가의 바지랑대
기어오르던 나팔꽃 붉은 입술 폈다 오므렸다
시간을 잡고 놓아주지 않는다

은행나무

김석환

나/너
가시 같은 점 하나 떼어 버리지 못하고
너는 너/나는 나
등 돌리고 사는 동안

태풍에 가지 내어주고
아물지 않는 상처
스스로 썩혀 만든 둥지에
지친 새 불러들여 재우는
매저키스트
봄밤이면 홀로
짐승처럼 운다는

벚, 꽃나무 아래

김선미

수천 개의 눈을 뜨고 있다

수천 개의 손바닥 안에 환한 등불로 켜 있다

그 아래 까만 둥치

겨울 지나온 물 흘러

나이테에 박혀있던 살얼음 녹아 흘러

거친 살갗 하나하나 꿈틀댄다

두근거리는 곳마다 절벽처럼 꽃 피어있다

눈멀어

눈 하나 얻으러 갔다가

온몸 가득 매미울음 물고 온다

곰국을 끓이다 2

김선주

쟁반 위에서 뼈들의 반란이 시작되었다

튕겨져나간 흰 뼈
소리 없이 마당에 나뒹굴고
검은 고양이 한 마리 다가와
남아있던 살점을 바른다

뼈들이 웅성거리며 유영한다
부딪히던 뼈들이 일시 정지하자
주방은 열기로 가득하다
살아있는 건 이렇게 뜨거운 것인가
그렇다, 살아있는 건 뜨거움의 순간을 갖는다

목젖을 타고 내려가는 하얀 물들의 수런거림
뜨거움의 순간은 길면서도 짧다
숭숭 뚫린 뼛속으로 바람이 스며든다
살아있는 건 리모컨을 누르고
다시 세상 밖의 풍경을 재생하는 것이다

괄호 속에 갇혀있던 삶의 몸짓은
다시 괄호 밖으로 떠날 것인가 남을 것인가
스스로의 저울에 무게를 달고 있다
쉬잇, 우리가 기다리는 내일이
조심조심 다가오는 밤이다

나무의 사랑법

김선태

나무를 보면 날지 못한 것들이 생각한다
날고는 싶은데 날 수 없는 것들을 생각한다
햇빛 쏟아지는 하늘 향해 날고 싶어서
사방팔방으로 가지를 뻗고
그 가지마다 무수한 날개를 달고 파닥이지만
어쩔 수 없이 뿌리는 땅속을 향하는 것들
어쩔 수 없이 뿌리를 땅속에 묻어야 하는 것들
그래서 하늘과 땅 사이엔 나무가 있다
까마득한 그리움의 거리가 있다
직립한 채 하늘 향해 두 손 모으는
간절할수록 이파리가 무성한 기도가 있다
그리하여 찬바람 부는 늦가을이면
대신 제 메마른 이파리들을 아낌없이 털어
하늘로 날려 보내는 나무의 사랑법이여
닿을 수 없는 아득한 그리움이여

저녁 길, 늦가을과 함께

김성배

기왓장에 어우러지는 은행잎
황급히 내린다

한나절을 밟고 가는 그림자
산사(山寺)를 온통 들쑤시고
흐트러진 나뭇가지와 함께
뒹구는 노란 발자국
장독대 비켜선 초저녁
앞마당에 앉아있다
한 잎의 풍경에 걸린 마른 산그늘
은행나무에 누워있다

손바닥 가린 노란 하늘
길섶을 물들이고
잎들이 그려낸 가을이 길다

별에 젖은 은행잎
주머니 속에서 꺼내면
달빛이
발길 아래로
깊이 내린다

질문
—철원, 옛 노동당사 앞에서

김성춘

공산당과 싸워야 하나?
시(詩)와 싸워야 하나?

백골처럼 남은 옛 폐허의 건물 앞,

누가
아직, 묻고 있다.

백골처럼 남은 전쟁이
가시 철책에
아직, 묻고 있다.

그곳은, 오늘도 진정 안녕하신가?

나무와 새

김세영

나무의 머리채 속에 새가 둥지를 틀고
밑둥치 속에 내가 움막을 짓고 산다

해가 뜨면, 나뭇잎을 흔드는
바람의 목소리로 하늘을 읽고
해가 지면, 새와 나는
꿈의 파편들이 뿌려진 진공 속에서 만난다

꿈꾸는 나무의 수관(水管) 속에서 피가 섞여
새는 나의 혼이 되고, 나무는 육신이 된다

죽어서 나무새(木鳥) 되면, 어린 새들
살을 쪼아 먹게, 조장을 해주세요

나를 기억하는 바람이
뼛가지를 흔들어 혼을 부르면
나무새 풍경(木鳥 風磬)으로 대답하리라

뼛가루로 문지르고 닦은 언어들은
하늘에 뿌려져 별이 되었다고
새를 부르던 목소리는 바람이 되었다고

봄입니다

김소해

사월을 온통 덮은 복사꽃 환한 배꽃
메마른 가슴에도 꽃물에 신명 들어
발이야 걸음 닿는 대로
부르터도 좋겠다

목숨 있어 죄가 되는 먼지인가 싶다가도
등 대인 기슭마다 살아있어 고운 날
메나리* 가락에 실린 마음
꺾어 넘는 봄입니다

사람 살이 때를 씻어 흐드러진 꽃 무더기
기꺼이 내리쬐는 봄볕 실컷 따라가면
꽃 넝쿨 우거진 마을
꽃밭 속에 나도 꽃잎

* 농부가

쉿, 은행나무에 무슨 일이

김송포

달강거리며 건너와

별빛 아래 잎자루 풀고

스멀스멀 산숙에 잠들자

나지막이 귀를 열어보네

신의 눈에 띄어

천태산에 안착한 노랑알

달구어진 알알이

콩팥에 산란 중

쉿!

천태산 은행나무

김 숙

천태산 앞마당 들마루에
은행나무 그늘이 접히고 있다
햇살의 알갱이가 자꾸만 펄럭인다
잎새마다 잔잔히 내려앉은 햇볕의 길이,
깊숙이 숨어있는 아름드리 고대에 묻힌다
수백 년 층고에 새들의 지저귐마저
초록색 잎사귀에 푸르게 숨어있다
나무의 심줄에 매달려있는 푸른 종들이
일시에 타종을 한다 웅웅거린다
고개 들고 나무의 끝을 바라본다
세상의 한 모퉁이가 툭 하고 떨어진다
가늘고 긴 손가락으로 푸른 삶을 붙인다
나무의 탯줄이 내 배꼽 위에 덧씌워진다
수백 년의 수령에 밑줄을 긋고
나이를 묻다 나이의 길을 잃어버렸다
가늠할 수 없는 유전자가 꿈틀거린다
긴 수령은 누군가 작도한 기하학적 풀이
끝끝내 풀리지 않은 둥근 그림자의 넓이

날개의 밤

김순애

비어있던 몇 그루 작은 나무들
부엉이가 앉아있다
한낮에 야맹증으로 앉아있다
어둠 한 줌을 뭉쳐놓은 모양으로 앉아있다
한낮의 퇴화 혹은 밤의 날개 같다

부엉이 몸에서 어둠이 서서히 풀어져 나오고
제가 깔아놓은 그 어둠을 밟고 날아간다
날개 속에 있는 솜털을 생각하면 밤의 부력이 생각나고
캄캄한 한낮의 가지 하나를 꽉 움켜쥐고 있는
히잡을 쓴 아랍의 여자 얼굴 같다

한밤 부엉이가 떠난 나무는
캄캄한 소리로 서 있고
밤의 내부를 다 알고 있다는 듯
부엉이가 날아다닌다
숲 저쪽에서 밤의 설치류를 찾아다닐 것이다

웅크리고 있던 어둠들이 불을 켜면 후드득 날아가는
늘 웅크리고 있는 낡은 기와집 한 채
의자가 웅크리고 앉아있고 몇 권의 책이 열려진 채 굳어있다
밤에도 날아가지 못할 것들이 방안에 가득하다

뻐꾸기소리

김아랑

어린 새가 고물고물 들어찬 둥지를
혼돈의 두 눈으로 응시할 때
보송보송한 솜털이 손끝에 따스하게 아려올 때
뻐꾸기소리를 들었네

거무테테한 나무껍질 같은 손으로
한 두릅의 굴비를 쥐고 오를 때
습하고 오래된 기침으로 쿨럭일 때
허물어져 가는 계단 끝자락 뻐꾸기소리를 들었네

고통도 바람의 노래로 읊조리는 무소유의 노을 속
위치 없이 실려가는 그리운 편지 그 처연함 속에서
빛바랜 사진 하나 가슴으로 꺼내 다시 끌어안으며
안타까운 허공의 절망
나는 들었네 뻐꾸기소리를

나무와 흙과 바람의 영원한 어머니인 강
노래와 위안이 스며있고 출렁이는 안식이 깃든 물줄기
눈물도 울부짖음도 사랑과 저항과 유서도
한 가닥 고요한 생명의 숨결 향기로운 흐름
여운이 있고 깃털이 있고
손끝을 간지럽히는 부리와 날개의 이미지의 묵화

나는 들었네 뻐꾸기소리를

천태산 은행나무

김영수

날 맹키로 날 맹키로
가슴앓이 물렸던가 보다
밑둥이 11미터 높이가 32미터
풍상을 천 년이나 깔고 앉은 채
총각 열 사람 한 아름도 차고 넘어
구장집 마누라 맹키로
방뎅이는 깔고 앉아서
키가 더 커야제 더 커야제
누가 못 크게 하였당가
나무여 나무여 천삼백 살 은행나무여

해동조선 반만년에
금수강산이 짓밟히고
갈라지고 찢어지길 몇 번이나 하였던고
동족상잔의 핏방울까지 마르지 않았건만
이내 두 토막 난 이 강산이 아프고 아리어서
이합집산이 자랑 같은 민족의 아픔이여
백두산에 두고 온 천지물이 목이 말라
뒤틀리는 가슴속을 열어놓고
백두대간 천태산에 탕평천국 기웃기웃
오늘도 영국사 바람 앞에 합장을 다시 한다

광합성

김영애

고백하건대,
24시간 당신을 생각할 수 없습니다
태양이나 달빛 닮은 빛이 있어야 존재하는
나는 그대의 그림자이기 때문입니다

개팔자 상팔자, 너가 부럽다

김영욱

조순돌
네 발로 다닌다
태어난 지 두 달 만에 우리 집 식구되었다
처음에는 흰 바탕에 검은 무늬가 있어
그냥 바둑이라고 부르다가
아내가 순돌이라고 이름 지었다
그러고 보니 성이 없었네
송라교회 조기국 목사님 댁에서 입양했기에
조 목사님의 성을 따라
조순돌이라고 부르기로 했다

조순돌
따사로운 늦가을 햇살 아래
노랑 은행나무 잎 깔고
하늘로 배 드러내놓고 일광욕 즐긴다

개팔자 상팔자,
너가 부럽다

장미의 바깥으로 슬쩍~

김영찬

장미의 바깥은 장미
장미의 철옹성, 심장 안쪽으로도 붉디붉은 장미
장미의 성채를 홀연히 떠난 그는

장미의 흑기사
타지에서 만난 흑장미의 유혹에 이끌려 갑옷을 벗고
별 볼 일 없는 추억에 찔린 상처투성이의
맨몸을 안고 돌아온다

다시는 장미의 성 바깥으로 진출하지 않을 결단에

장미의 안팎은 장미
장미의 유곽
극한의 북방한계선 바깥 냉해 수비지역까지
가시철망 둘러친 장미

흑장미를 꺾으려던 하얀 손은 하지만 넝쿨 타고 넘어가
장미가 아닌 외계(外界)로 슬쩍~
추파를 던진다

님을 향해

김옥경

천태산 자락
은행나무 한 그루
살아 천년
가슴에 품어온 사연들
수천수만의 잎으로 피어
설법을 담아놓은
경전이 되었나

멀고 먼 사바를
탐욕으로 건너온 중생들
귀와 눈을 맑게 하고
마음을 정하게 하려
두 손 모아
님을 향해 나아갈 때
정수리 위로
노랗게, 노랗게 빗질하는
바람소리

꼭 이라는 말

김 완

간절히 빌어본 사람은 안다
꼭 이라는 말이 얼마나 절절한지
둥지를 떠났던 새들이 창공에서
날아와 아침 숲에 안긴다
온갖 새들이 지저귀는
울긋불긋한 가을 숲을 보면 떠오른다
이번 가을엔 꼭 함께 여행가자는
꿈같이 달콤하기도 하고
안타깝고 간절하기도 한
꼭 이라는 말 참 아심찬하다

그물

김요아킴

한 점의 바람은
아무 상처 없이
쳐놓은 그물을 지나가지만
애꿎은 참새 몇 마리
걸려들어 퍼덕이다
깃털 몇 개 떨어뜨리고

한 움큼의 바닷물
소리 없이
그물코를 쏘옥 빠져나오지만
눈 먼 숭어떼들
은빛 비늘을 털며
몸부림칠수록 더욱 엉켜버리고

그 그물 속으로
매번 걸려들어 허우적거리는
나를 생각해보며
바람처럼 물처럼 되기를
가끔씩 꿈꾸어 보았다

목장갑 허수아비

김용길

무화과가 익은 걸 보았다
내일쯤 따먹어야지 했는데
나무엔 꼬투리 흔적만 있다
나보다 일찍 일어나 부산을 떨던 빤지라는 새가 수상쩍다

대여섯 개를 그렇게 새에게 빼앗기다가
곧 익을 것 같은 무화과에 장갑을 씌워두었다

이틀 후
올 들어 처음으로
주먹만큼 잘 익은 무화과 한 개를 따서
아버지와 반으로 나누어 먹었다

아버지의 목장갑, 큰일을 했다

세상의 가치

김용락

한국동란 피난에서 돌아와
얼기설기 엮어 지은 생가 아래채
이제 고인이 되신 큰고모님이
진흙 이겨 지붕 위에 올리느라고
예닐곱 살 어린 손톱이 다 빠질 뻔할 정도로
고된 노역을 감당해서 지었다는
경북 의성군 단촌면 세촌리 내 생가 아래채
방 한 칸과 작은 부엌을 잇대어 있는
소마굿간과 디딜방아간과 뒤주를 헐어
큰 방을 하나 만들어 서고(書庫)로 삼았다
오랜만에 시골 서고에서 잔 날
아침 7시 56분
극성스런 매미소리에 어쩔 수 없이 잠을 깨
마당에 나오니
여름 과실 다 떨어진 마당 한 켠 빈 자두나무 위
맷새떼 지저귀는 소리 짹— 짹—
텃밭 콩잎에 내린 새벽이슬 햇살에 눈부시고
울양대 보라색 콩꽃 환한 미소
울퉁불퉁 못생긴 재래종 물외가
늙은 줄기에 매달려 씩씩거리며
가쁜 숨 몰아쉬고 있다
이 싱싱한 아침

아! 난 오랜만에 참된 세상의 가치를 보았다

당신은

김용택

바람 부는 나무 아래 서서
오래오래 나무를 올려다봅니다.
반짝이는 나뭇잎 부딪치는 소리,

그러면,
당신은 언제나 오나요?

영국사 은행나무

김우열

천태산
기운 자락
인적마저 드문 절터
질곡의 아린 삶을
만고풍상 살았건만
노익장 청청한 기상
어이 저리 높은고

애송이
중생들은
천년 향수 복 비는데
천 년의
영고성쇠
살아온 저 노목은
중생은
수즉다욕(壽則多辱)을
모른다고 책하누나

시처럼 소설처럼

김우출

별이 쏟아진다
삼경(三更)의 정적과 미망(迷妄) 속을
별과 함께 달리고 있다
코 고는 소리를 싣고 침대열차가 달리고 있다
차창 밖에 쏟아져 내리는 별처럼
나는 지금 어디로 달려가고 있는가

시집이 쏟아진다
읽어줄 사람도 없는데
발표하기 위한 지면을 향해 달리고 있다
출판물의 홍수시대에 나까지 보태고 싶지 않은데
명색이 시인들끼리 서로의 시에 주례를 서고 있다
삶이 연극이고 소설이라면
어디 시처럼 소설처럼 살 수는 없을까
시처럼 소설처럼 말이다

늙은 오후

김위숙

칠 벗겨진 외벽은
광대뼈 드러나도록 문드러지는 우주다
외벽 앞 빨랫줄에
호박오가리 말라가고
책꽂이 한구석 빛바랜 오후가
길게 늘어진 가을 위로
바쁘게 매달린다
점박이날개나비
묵언처럼 말아쥐고
저 선을 건너왔을 늘어진 빛이여
말라죽은 딱정벌레
입에 착착 감기는 감칠맛에 홀린 걸까
늘어졌던 몸통
칭칭 걸어 말린
저 문드러지도록 깃들었던
간절함도
우주의 그늘처럼 깊어진다

천태산

김유성

무주 고을 넘어 불어온 훈풍
소설악 계곡 사이로 모여드니
고요하던 천태산이 기지개를 켠다.

동면을 깨우는 용추폭포 물줄기에
굳어있던 가슴마저 녹아내리는데
5백 년 인고의 은행나무 곁가지가
뜨내기 방문객을 반가이 맞이하네.

낮은 안개 자욱한 영국사 법당에선
구도의 예불소리 청아하게 들리는데
암벽 등반 우렁찬 고함소리가
적막한 계월암 암자 위로 너울거린다.

지리산국립공원

김윤숭

지리산은 국립공원 20개 중 제1호
리타자리의 보살행 어진 마음
산림욕하며 심신 건강을 꾀하네
국가의 흥망성쇠를 같이한 증인
립장을 바꿔 다시 생각해보아도
공공의 복리재인 으뜸 자연환경은
원래 상태로 보존함이 제맛이라네

은행 한 알을 줍다

김윤환

공자가 말씀하다 튀었을
침 한 방울
그 제자가 길을 찾다가 흘렸을
염루(念漏) 한 방울

그 제자의 제자가
나무 아래 왔다가
제 입술에 물려 흘린
피 한 방울

아득한 우주의 바람 한 점
울음 대신 알알이 맺힌
방울방울들

초승달 쓸쓸한 새벽
말없이 말씀하는 행단(杏亶) 아래
천고의 숨이 되는
은행 한 알 줍는다

광배

김은령

무색계를 떠돌던 눈송이들이
천태산 골짜기에서
그만,
영국사 은행나무에 걸려
오소소 자신들을 내려놓았는데
꽁꽁 언 시절에도
나무의 숨결은 따뜻해
희디흰 눈송이들은 제 몸을 녹여
나무의 뿌리에까지 가 닿았다
묵언!
그들이 본 것은 깜깜한 곳에서 벌어지는
뿌리의 입 다문 용맹정진,

가을, 차랑차랑 사바를 흔드는 빛
가장 낮고 어두운 곳에서의 노고가
그 광배의 비밀이었다

매발톱꽃

김이숙

꼬장꼬장 외려 도도한 너를 두고 무식을 방패 삼아 딸자식 이름에 간음할 간 자 넣은 못난 아비처럼 몹쓸 사람들 샘물처럼 용기가 솟는다 맘대로 꽃잎 짓이겨 손등에 바르며 성모의 장갑 운운하더니 삐에로 모자 닮았다며 또 삐에로의 달이라더니 이젠 다른 꽃 꽃가루 받아들인다고 제멋대로 매춘화라니 몸 파는 여자라니 이래봬도 매발톱이라고 이러쿵저러쿵 가벼운 입 앙칼지게 할퀴어버려 입도 뻥끗 못하도록

숲 속의 진언

김인구

어느새 숲이 넓어졌어요
살금살금 숲 속으로 기어들어온 시월이
건초더미처럼 야위고 있어요
낮은 나무 위로, 높은 나무 아래로 웅크리고 앉아
산 아궁이에 불을 지피고 있는 시월
타닥타닥 불타오르는 숲 속으로 천천히
가을이 태어나고 있어요
아시나요?
숲 속 나무들은 하지 이후로는 자기 안에
물을 가두지 않는대요
그냥 그대로 마르고 말라 자신을 떠나간대요
숲 속의 법칙엔 아무도 반기를 들지 못하는 법
숲 속에선 꽃보다 아름다운 뿌리의 힘으로
좌절조차 금지되는 것을 아시나요?
숲이 깊어졌어요
슬그머니 숲 속으로 기어들어온 어둠
안에 동그랗게 눈 뜬 시월
가을이, 숲 속에서 자신의 또 다른 생애에
화들짝 놀라고 있어요

불가마찜질방에서

김인육

다비식을 치르는 부처가 있네
억년 미래에 온다는 도솔천 미륵이
문득, 경계를 지우고 이곳으로 와
뜨거운 석굴에 좌정하고 있네
꽃잎인가 여고생인가
열일곱 관음보살이 분홍티셔츠를 입고
여리고 순한 눈 지그시
고뇌를 땀 흘리고 있네

저 꽃잎관음이야 무엇을 버려야 할까마는
반백년 아귀였던 나는
버려야 할 것이 지천이네
비워야 할 것이 몸 가득이네

큰스님 같은 소신공양은 아니더라도
열반 드는 부처의 다비야 더욱 아니더라도
오장육부 덕지덕지 살진 오욕을
기름진 탐욕을 감해야 하리
쩔쩔 끓는 불지옥에 스스로를 담그고
속죄의 눈물인 듯 온몸으로 땀 흘리며
덜고 덜어서 가벼워져야 하리

가벼워서 환한
꽃잎처럼
저 열일곱 분홍관음처럼

천태산 은행나무가 묻다

김일곤

당신은 누구신가
깊고 아득한 시원에서
속살의 언어로 말 걸어오는 이파리들
먼지 옷 껴입은 몸
먹고 사느라 흐려진 눈과 땟물 든 입
부질없이 휘둘러온 지루한 혀로
저 샛노란 물음에 뭐라 답해야 하나
우툴두툴 터진 몸 안아보다
내 안 들여다보는데
천년 눈빛 와락 달려와
너무 반짝거려서
어디 하나 대답할 것도
어디 하나 숨 쉬기조차 어렵구나
흐린 눈 바라볼 때마다
늘 새로운 얼굴로 고쳐 다가오는 잎, 잎, 잎,
은행나무야, 천태산 은행나무야
평생 적은 시 엽지 받아 읽다
머리에서 발끝까지 천년물이 든다

송이버섯

김임백

전생에 지은 죄 커서일까
키가 자라지 않는 나는
소나무 그늘에 묻혀
햇살의 눈길 한번 받지 못하고
더운 날 바람의 애무 한번 받지 못했다

윗자리에 있는 소나무여
너는 하늘 보며 별들의 숨소리 듣겠지만
나는 낮은 곳에서 등짐 진 채
흙냄새 맡고 있지

곁을 떠나지 않는 굴참나무가
설움덩이인 나를
참거라, 기다려라
어루만지며 보듬어주고 있다

6월의 코스모스

김재수

애기똥풀 꽃들이
놀란 얼굴로
기웃거리고

한 무리 개망초도
하얀 얼굴로
기웃대고 있다

배추흰나비 한 마리
조심스럽게 물었다

"타임머신을 타고 온 거니?"
"길을 잘못 찾아온 거니?"

코스모스가 무안해
빨개진 얼굴

바람이 설렁설렁
부채질을 하고 있다

밀애

김정원

만삭인 달이
남원 광한루 앞산 애기봉에 몸을 풀 무렵
뜬금없이 방자가 무덤으로 달려갔다
삽날만한 손으로 봉분에서 흙 한 움큼 쥐어와
기생집 지붕 위에 흩뿌렸다
죽음이 잔뜩 묻은 황토 아래서
월매와 춘향은 죽은 듯이 잠에 빠졌고
방자와 향단은 살맛나게 사랑을 더듬었다
상강절 하늘에선 눈이 초롱하고 귀가 밝은
별들이 한잠도 못자고 빛났다,
밤새,
두근두근

원시의 숲에서 날아오르는 사람들

김정윤

모두
나무 등걸에 걸터앉아 하늘로 오르려 하고 있다
강물은 거꾸로 흘러가고
누군가를 죽여달라고 간절히 기도하던 두 손을 꽉 부둥켜안은 채
21세기의 문명이 토악질을 하고
무소불위의 권력들이 하나씩 피를 흘리며 역사의 뒤편으로 사라졌다
방금 누군가가 앉았던 의자 위에는 투명한 유리병이 빛의 각도에 따라 색깔이 변한다
고흐의 초상화가 놓여진 방바닥은 노르스름한 오후의 권태와
긴 그림자에 생을 철퍼덕 부려놓고 있다
문을 열어놓은 사람은 보이질 않고
한세상 저물도록 바라본 숲에서는 젖은 깃을 털며 새들 날아오른다

천장의 창에서 쏟아지는 굴절된 빛만큼 나의 생이 출렁거렸던가 하고 생각한다

나는 이 방으로 들어왔지만 생경하고 낯설다
사물들의 짙은 그림자가 나와 같이 움직이고 있다
그래서 더 쓸쓸하다
모두 나무 등걸에 걸터앉아 하늘로 오르려 하고 지금
나는 여전히 기웃거린다 나만의 방을

혼인목

김종인

수도산 허리 두른 모티길을 걷다가
서로 마주보고 선 혼인목을 보았지
다정스레 손 한번 잡는 일 없이
평생 마주보고 살아간다는 것
두 나무 사이에는 가지가 적고
바깥쪽으로 많은 가지를 뻗고 있어
두 나무가 붙어서 하나가 된 연리목보다
적당한 거리를 두고 떨어져서
평생 마주 보고 살아가는 것

세월의 강물에 발을 담그고
말없이 나이테를 그려가는
두 그루, 아름다운 나무를 보면서
같이 살다가 한 나무가 먼저 죽으면
다른 나무도 따라서 죽는다는 혼인목,
사랑에도 거리가 필요한 걸까
어깨를 걸고, 어루만지고, 속삭이면서
비와 바람과 눈보라를 함께 이겨내고
마침내, 해로하는 혼인목을 보았네

가을

김주애

신작로와 맞닿은 큰길가 은행나무

자전거 한 대가 기대어 서 있다

어찌나 곱게 물이 들었는지

소르르 떨어지는 잎사귀

자전거 곤하게 잠이 든다

따르릉 따르릉

노란 꿈이 번진다

노곤한 잠에 취한 신작로

오래도록 버스가 오지 않는다

할미꽃

김 진

사방에

할미꽃

피어있다

시선이 닿는 곳

모두,

무덤이다

화엄경을 듣다

김진수

좋다! 좋다!
대방광불화엄경은 한마디 감탄사였다.

지리산 화엄사 주차장
관광버스 한 대가 왁자한 풍경을 쏟아내고 있다.
울긋불긋한 얼굴들 벌써 거나하니 단풍들었다.

"이리 좀 와 보이다.
우리도 여기서 사진 한 장 박아봅시다."

구깃한 양복에 흙구두 차림으로
새벽부터 소 여물 챙겨주고 배추밭 돌아 나왔을
홍농종묘 짙푸른 홍보 모자까지, 잔뜩 멋을 낸
멈칫거리는 손목을 기어이 잡아끄는 저 아짐
주름 깊은 입술이 자꾸만 붉어진다.

"고운 단풍처럼 이쁘게 좀 박아 주이다."
"다 늙어가지고 무신……"
"먼 소리다요? 천만년 세월에도 시방이 가장 청춘이란디."

구부정한 어깨 다정히 기대고 살핏 스쳐간 미소
찰라, 가을 산이 온통 화엄경이다.

아름다운 죄

김찬옥

천 년의 세월을 즐기면서도
오직 한 자리만 지킨 죄로
천태산 중심이 될 수 있었다

천 년의 바람을 흔들어놓고도
바람 앞에 꺾이지 않은 죄로
아름다운 노장이 될 수 있었다

정상을 등 뒤에 두고도
한 번도 돌아보지 않은 죄로
영국사 따뜻한 품에서 밀려날 일이 없었다

가을바람이 천년 묵은 은행나무를 단죄하는 소리! 들린다

산성옛터

김창영

바람도 저어할 깊은 산속 들어가며
가슴속에 품은 꿈은
수풀 사이로 반짝이는 햇살만큼이나 환했겠지요

무거운 돌멩이 하나하나 쌓아올리며
이마에 솟는 땀방울 훔칠제
그 꿈도 높아진 돌담만큼이나 둥글어졌겠죠

산성 위 널따란 바위판에 앉아
아리랑 열두 고개 부른 노래는
그네들의 꿈을 싣고 멀리 멀리 울려퍼졌겠죠

낙우송(落羽松)

김채운

소슬바람에 실어
녹슨 깃털들 내려놓는다

이제,
그만하면 됐다

갈맷빛 날개 펼쳐
한세상 오지게 품어봤으니

단풍(丹楓)

김 철

그것은
대자연의
마지막 열정

결코
뜨겁지 않게 타오르는
이별의 불꽃

아아
눈으로밖에 들을 수 없는
소리 없는 진혼곡(鎭魂曲)

아름다운 만가(輓歌)

가을

김춘자

그는
구름보고 내다 서라 하시고는
가마니로 내려놓을 양식
금빛으로 펼쳐 찰랑이게 하시고
사과나무 속을 빨갛게 헤집더니
넝쿨을 타고 누른 호박 하나 건져
다닥다닥 콩 껍질 노랗게 튀어
고구마밭에 옹기종기
자줏빛으로 앉았다가
해질녘 감나무
쓰다듬어 굽어보다
주홍글씨만 오지게 써놓고
아침부터 밤이 이슥토록
오물오물 씹었던 때깔 빛깔
야물게 다져 아랫동네로
갈 차비하시네

나무도 허물을 벗는구나

김태희

뙤약볕 소리도 없이 쨍쨍한 날
밥 끓이노라 군불 지핀 정지간 조왕신 납신다
그늘 찾아 숲길을 나서며 제 목숨 잇겠다고
다람쥐며 토끼며 펄펄 산 것들 감아서 죄며
삼키고 나선 시침 뚝 떼고 똬리 틀고 앉았다
몸통 굵어지며 몇 차례 허물도 벗다가
비 내려 고인 웅덩이에 비친 제 모습을 봤겠다
아아 이제는 배로 땅을 기지 않게 해주소서
산 것들 사로잡지 않게 해주소서
그리만 해주신다면 먹이를 끊어
제 명줄을 스스로 버리겠나이다
다음 생에서 이생의 벌을 받더라도
다시는 이 모습으로 태어나지 않게 해주소서 하소연을 했겠지
그래서 붙박이로 오는 비바람 불볕더위 고스란히 받으며
목숨 있는 것들 쉬어가라고 그늘도 만들어주며
때가 되면 비늘도 벗으며 그렇게 팔 벌리고 벌 받듯이 서 있는 거야
그러니 어둡고 외로운 대지에 뺨을 대고
땀 흘리며 오체투지로 기어보지 않은 자들아
행여 후생에서 나무로 태어나기는 언감생심 꿈도 꾸지 말라는
허물 벗는 나무화석 전신인 조왕신의 말씀

처서

김택희

다시 온다는 말
얼마나 기다렸는데

기별 없이 돌아와선
수척해진
배롱나무 홍자색 꽃그늘로 서 있다

더운 한철
꼬박 새워 안아보는
당신의 등

청산유수(青山流水)

김 평

청산은 말없이 묵묵히 앉았어도
그 자체가 아름다운 만고의 병풍일래
사람들은 자꾸자꾸 청산에 말 건네보지만
그 누구도 청산 그 자체 흉내 내지 못한다네

유수는 말없이 조용조용 흘렀어도
그 자체가 아름다운 천고의 거문고소리일레
사람들은 자꾸자꾸 유수에 말 건네보지만
그 누구도 유수 그 자체 흉내 내지 못한다네

간격

김하경

아이가 내 등 뒤에서 슬쩍 나를 껴안는다
깊은 봄맛을 한 몸에 요약한 채
내 등줄기 위로 완강하게 엉겨붙어
사라지는 기억들을 배양하는 아침
저 온기와 내 온기가
제 살결과 내 살결이
서로 끌어당기는 사랑 봄기운이 따스하다

아랫목과 이불 사이 밥사발을 넣으면
제각각인 저것들도
살과 살끼리 맞닿는 자리에
열기를 끌어낸 아랫목 봄꽃이 핀다
아이 온기가 내 안에 따스하게 스며든다
사라지는 체온이 이식되는 동안
간격은 없다
부드러운 살결 속으로 36.5도의 체온을 부비며
온몸으로 사랑을 전달 받는 중이다

누구도 떨어트릴 수 없는 이 간격
햇빛보다 더 따스한 사랑
봄은 연리지로 엉겨붙는다

은행나무

김현식

작년에 왔던 각설이
죽지도 않고 또 왔네

올해도 어김없이
노란 정장으로 갈아입고
세월의 쪽문을 노크하는
늙지 않는 신사
세월을 찾아 유랑하는

세월에 무기력하게
떠내려가는 중생들에게
전해주고 싶은 한마디
흠칫 삼가하고
노란 회한의 쪽지만
무수히 날리고 있다

이명(耳鳴)

—마량포구 동백들은 물소리를 듣는다

김혜숙*

조금씩 튀는 물방울이 고여
귓속에서 찻잔 흔들리는 소리가 난다
손끝이 열리는 틈새를 따라 흘러드는 물
꼴깍 침을 삼키면
가늘게 뱃고동소리 들린다
나무판자의 이빨 사이로
비명을 지르며 낡아가는 조각배
길을 내준 바다가 길을 지우고
달리다 지쳐 덩그러니 떠있는 섬
투명해서 헛디딘 자리에 처박힐지 몰라
귀를 막아도 들리는 건 맛있는 네 신음소리
깍지 낀 손을 풀어 눈가의 이끼를 닦는다
닿지 않는 안쪽의
축축한 눈빛을 말리며
붉게 달아오른 귀를 가만히 열어둔다

* 서울 사당동 출생

산경(山景)

김혜숙*

산은
억만년
가부좌 튼 채
화두를 품고

물은
계곡을 타고
염불을 외며
만행을 떠나네

* 서울 목동 출생

고해성사

김홍조

존재하고 있다는 이유로
내 그늘을 만들었습니다

살아야 한다는 이유로
그늘을 키웠습니다

아프게 만든다는 이유로
그늘을 지웠습니다

외롭다는 이유로
그늘을 그리워합니다

이젠 타인의 그늘이 되고 싶습니다

반가사유상

김환식

천 년을 사유하고 있었을 것이다
지그시 눈을 감은 채
턱을 괴고 앉은 손가락 사이로
천 년의 바람도
고스란히 사유하고 갔을 것이다
담담한 미소는
천 년을 사유하고도
그 끝을 풀어볼 수 없는
한 생의 수수께끼
삶이란
우문현답을 사유하는 것이다

은행잎, 한 잎

김황흠

벚나무뿐인 시골 승강장 입구에 오롯한
은행나무 한 그루,
누누이 내 발걸음을 십오 년 넘게 보았을 터,
한 계절 한 계절을 지나치며 우묵하게 서서
오고 가는 얼굴들 다 보았을 터,
언젠가부터 하나 둘 보이지 않고
연로하신 양반들 하나 둘 소천 소식만
이장 목소리로 전해 듣는데
샛노래진 이파리로 떨구는 건
무슨 사연이 있는 까닭인데,
이파리 다 떨어뜨린 겨울 한복판을 지나다 보니
천근보다 무거운 만근이 만금(萬金)으로
빛을 내던 한시절이 있었음을,
홀로 승강장 입구에서 나뒹구는
마지막 한 잎,

흔적
—은행나무

나금숙

노랑구두를 신고
푸른 하늘을 툭— 차며
뛰어오른다
내가 당신에게
당신이 나에게
사랑한다고 했던 말들이,

탱탱했던 마음은 구멍 난 공처럼
덤불숲에 잃어버리고

햇볕 아래 뜨겁고 가벼운 거짓말들, 후회들

노랑구두를 신고
눈부시게 번지점프!

월류봉 연가

나문석

어제 불던 바람
기차소리 따라 저문 강 건너가고
오늘 부는 바람
추풍령 넘어 홀로 가는 길, 아리고
숨 가쁘게 건너와 등에 휘감기는
한 됫박의 취기는
감고 감기어도는 실타래처럼 돌아가는
또 하나의 고개,
누군가 머물다간 그곳에
풍경처럼 매달린 달을 보며
내가 들고온 시름의 매듭을 풀어보니
무명이라

갈등

남서희

며칠 전까지 노란 은행잎들
사라져 버렸다
나뭇가지만이 쓸쓸히 바람에
흩날리고 있었다

저 살기 위해 잎들을 버려야만 하는
나무들
채이고 부딪히고 상처투성이의
영혼들

웅어리 안은 채 매서운 눈보라
맛본 뒤에야
서로의 긴 생각 끝내고
햇살 비추는 날
쑥스럽게 손잡겠지

섬

남정화

섬을 건너려고 섬에 갔다
섬의 뿌리가 위태로워 보여
하늘을 보고 걸었다
바다에 빠진 섬이 또 바다에 빠진다고
섬이 괴로울까

만삭으로 할머니 부음을 들었을 때
내 속의 섬이 꿈틀거려 자꾸
눈물이 났다
참을 수 없을 만큼 배는 불러오고
동그란 봉분에 떼가 하나 둘씩 오르고

섬 한 채를 다시 바다에 보내고 온 날
또 다른 섬이 뿌리를 내리고 있었다

노루귀를 보다

남효선

천년 사바를 떠돌던 숨소리
물빛으로 흐르는
장재사지 오르는 길목
콧잔등 뭉그러진 석불 하나
어깨 끝 장삼자락
흘린 듯 물살처럼 번지는
미소 곁을 돌아
풍경소리는 설경이는 대숲,
눈바람으로 되살아나고
만져지지 않는 인연의 끈
연의 끄트머리로 이어진 발자국을 따라
오 눈부신 노루귀,
한 잎 한 잎 하늘 떠받고
산문을 연다 숨 가쁘다

바탕 거울

노혜봉

애초에 물을 잘못 들인 옷감은
물이 잘 빠진다
맑은 물에 헹구어도 헹구어도
엷은 색이 자꾸 빠진다
꼭 비틀어 짬질을
뽀드득 소리가 날 때까지 짰어도
아차! 깜빡 잊고 옆에
흰 수건이나 속옷을 놓았다 하면
영락없이 제 살붙인 줄 알고
아낌없이 색을 내어준다

어찌 하랴 본디 무색(無色)이 되기란
이리 어려울 줄이야
희부연 저 한 치도 보이지 않는
안개 같은 젖빛
젖빛 속으로 젖빛 속으로
바닥이 나달나달하게 닦는 옷 거울
저 무색(無色)의 가벼운 허우적거림으로

가을 오후

도종환

고개를 넘어오니
가을이 먼저 와 기다리고 있었다
흙빛 산벚나무 이파리를 따서 골짜기물에 던지며
서 있었다 미리 연락이라도 하고 오지
그랬느냐는 내 말에
가을은 시든 국화빛 얼굴을 하고
입가로만 살짝 웃었다
웃는 낯빛이 쓸쓸하여
풍경은 안단테 안단테로 울고
나는 가만히 가을의 어깨를 감싸안았다
서늘해진 손으로 내 볼을 만지다
내 품에 머리를 기대오는 가을의 어깨 위에
나는 들고 있던 겉옷을 덮어주었다
쓸쓸해지면 마음이 선해진다는 걸
나도 알고 가을도 알고 있었다
늦은 가을 오후

천태산 은행나무

도종훈

천 년을 바라보며 여기 서 있소
계절이 바뀌기를 수백수천 번이 지나도 나는 여기 당당한 장군의 기개로 서 있소
나는 계절마다 옷 색깔 바꾸어가며 고운 갑옷으로 갈아입고 항상 이 자리에 서 있소
어느 누가 불러주면 잘 익은 곡주 한 사발 들이키고 바람의 노래 들려주리오
지친 날갯짓으로 힘없이 날아드는 작은 산새 쉬어가게 어깨 한번 빌려주리오
오늘도 나는 하늘 향해 두 팔 벌려 힘차게 서 있소

마음과 몸

동 봉

나는 당신을 무어라 부를까요
당신은 나를 무어라 부르리오
나는 당신에게 무엇을 주어야 하나요
당신은 나에게 무엇을 줄 수 있나요
당신과 나는 가꾸어놓은 꽃밭에
얼마나 즐거운 꽃씨를 뿌렸나요
이 좋은 세상에, 얼마나 아끼며
웃음의 꽃 서로서로 주고받았나요
당신과 나는 행복을 찾아서
저 세상 끝까지 갈 수 있겠나요
둘이서 정답게 가는 길
해님 머리에 이고
달님 가슴에 안고
은하계 축복의 별빛 흘러내리는 곳에
손잡고 갈 수 있겠나요
거기 북두성 빛나는 별 되어
영원히 이 세상 굽어볼 수 있겠나요

칼새

류인서

이과수폭포에 사는 칼새는 날랜 검객의 그것처럼 눈썹이 없다

칼새의 날개를 활짝 펼치면 한 자나 된다 다모(茶母)의 검날보다 한 치가 적을 뿐이다

지붕을 훨훨 나는 검객처럼 칼새는 이과수폭포의 공중에서 결코 땅에 내려서지 않는다

이과수폭포의 뿔 이과수폭포의 숨겨둔 배꼽…… 칼새는 폭포가 오래 겨루어야 할 상대임을 안다

관광객들이 폭포에 뜬 무지개다리를 건넌다 눈앞을 스쳐가는 깃털 한 점, 칼새가 벼랑에 새겨놓은 아득한 발자국

쥐똥나무에게 사과하다

마경덕

늘 고만고만한 쥐똥나무
훤칠한 제 키를 본 적 없어
원래 그렇다고 믿는 모양이다
해마다 전지가위에 길들여지더니
공원 울타리 노릇이나 하면서 이대로 늙어갈 눈치다

꽃 같지도 않은 꽃이라고, 누군가 무심코 던진 말에
주눅이 든 쥐똥나무
알고 보면 쥐똥나무는 소심형이다
지난겨울 쥐똥처럼 생긴 까만 열매를 들고 서서
이걸 어디에 숨기나 쩔쩔매는 것을 보았다
쥐똥 냄새 나는 이름이 싫다고
개명해달라고 말도 못하는 쥐똥나무
이렇게 고운 향기를 가지고 있다고
한 번도 각주를 달지 않은 쥐똥나무

향기는 보지 않고 쥐똥만 보는 시대
겉모습에 취한 세상은 눈에 보이는 것이 먼저란다
쥐똥나무야 미안하다

공원에 나갔다가 반성문 한 장 쓰고 돌아왔다

나무에게 절하다

맹문재

나무는 나에게 배수진을 친 하늘이며 탑을 쌓아온 바람들이며 서리 내린 밤길이라도 밟고 나아가려는 바위들이며 새벽안개를 열어젖히는 섬들을 가르쳐주었다

파릇파릇 살아있는 공사장의 운(運)이며 바늘구멍을 통과한 작은아버지의 해진 수첩이며 숨 가쁘게 날아오르는 새들의 날갯짓이며 하루를 지탱하려고 한낮을 적시는 강물도 가르쳐주었다

겨울 들판 같은 자정의 적막이며 인력시장에서 말을 더듬는 연장들의 주인이며 장맛비 속에서도 터를 다지는 집들이며 소금이 되려고 소금을 먹는 사람들도 가르쳐주었다

나무는 그 많은 것들을 나에게 가르쳐주려고 먼 길을 걸어왔다 걸어온 발자국마다 기적의 가닥들이 너덜거렸다 나무는 힘이 부쳐서인지 발등이 퉁퉁 부어올랐다

나는 절하지 않을 수 없었다

칠석동 은행나무

문설희

세찬 빗줄기 쏟아지는 아름드리
칠석동 은행나무 아래 서 있다
팔백 년 긴 세월을 전속력으로 달려온
마을의 수호신이라 불리운 나무라네
이 마을 칠석동엔 젖은 몸으로
종종 타인의 시선을 지닌 얼굴들이
은행나무 아래 멈춰서기도 한다네
논 옆에 우뚝 선 보호수 은행나무
철책울타리로 둥글게 울이 쳐있네
장정 일곱이 양팔로 껴안으면
시간의 벽들이 나이테 되어버리고
들판 한가운데 서서 햇볕을 듬뿍 받아
새파란 잎새가 노랑 잎이 되기까지
동리 사람들 호명하며 오롯하게 서 있다
은행나무 나이테가 나에게 새긴 무늬
지형을 벗어나려 불현듯 솟구친다
아름드리 은행나무 은밀한 내력이
처음엔 단 한 사람 나에게 다가와서
팔백 년 긴 세월 부옇게 감아올렸지

나무별똥

문성록

어떤 날은 몸 안에 뿌리들이 슬금슬금 손바닥을 간질이며 기어나온다
내 몸의 지도를 다 돌아다니고 나온 뿌리들은
어지럽게 흩어진 내 발자국들을 쓸어모은다

빈손을 물에 담그면 잔잔한 물결이 인다
당신의 손금, 나의 손금, 나무의 손금
파문처럼 둥글게 일렁이다 포개지고 일렁이다 지워진다
내 생의 이력들이 빠져나가지 못하고 몸부림치다만 흔적 같은 뿌리들
언젠가 어머니가 치맛속에 감췄다던 보름달 그 환한 향기의 무늬가 이러할까

어릴 적 사금파리 튕기며 땅따먹기 하다 그려놓은 마당의 흔적들처럼
지나온 것들과 다가올 것들을
해독할 수 없는 그들만의 이야기로
뿌리는 온몸으로 새기고 있는 중인지도 모른다

이것은 어쩌면 길흉을 점치는 그들만의 분주한 암호
이것은 어쩌면 먼 우주로부터 나의 이야기를 받아적으러
나에게로 온 별똥별의 작은 티끌은 아니었을까

나무들의 시간

문 영

이사를 오고 난 후부터 집 앞 야트막한 산, 나무를 보면 자꾸만 묻는다 그래 소나무와 아카시아, 상수리나무야 마음의 방호벽을 친 티브이와 컴퓨터랑 놀고 있는, 가진 게 많은 나에게 뭐라 말하는가

나무들은 나무들의 시간을 끌고 가서는 다시 돌아온다 햇살에 몰매 맞다 겨울 앞에 면벽하고 선 나무들 나무들이 온몸으로 끌고 온 둥그런 걸음이여 바람에 띄우는 끝없는 기도여 너희들도 세상에 벌 받고 한밤중 담뱃불로 서성대는, 쓰러져 벌레처럼 꿈틀대는 사내를 뭐라 말했나

마음이 둥둥 떠다녀도 되지 않는 시간이 온다면, 나무여 너희처럼 헐벗은 무덤을 안고 돌아올 수 있느냐고 물으면, 나무들은 침묵보다 더 많은 말이 있느냐는 듯이 몸을 흔들어 고요와 외로움 속에 나를 빠뜨린다

인간은 세상의 시간을 좁혀가고 있지만,
세상은 나무들의 시간 속에 넓혀져 간다

그립다는 말의 긴 팔

문인수

그대는 지금 그 나라의 강변을 걷는다 하네.
작은 어깨가 나비처럼 반짝이겠네.
뒷모습으로도 내게로 오는 듯 눈에 밟혀서
마음은 또 먼 통화 중에 긴 팔을 내미네.
그러나 다만 바람 아래 바람 아래 물결,
그립다는 말은 만 리 밖 그 강물에 끝없네.

천년 노룡(老龍)의 용틀임

문철호

공민왕의 영국사 불공은
부처님의 마음도 움직였다.
죽어서도 나라 사랑의 용이 되겠다던
천년 역사 문무왕의 바람도 들어주었다.

하늘길 따라 신선의 마음으로
천태동천(天台洞天) 접어드니
공민왕과 노국공주의 사랑은
소나무 연리지로 손을 꼭 붙잡고
선계(仙界)의 파수꾼이 된다.

감포 수중릉의 문무왕이
용추폭포 아래에서 용틀임하며
영국사 산신각 표범의 비호 아래
천년 노룡(老龍)의 위용을 드러냈다.
천태산 아래 별보다도 더 빛나는
수호신이 되어 국태민안(國泰民安) 염원한다.

거울 II

문충성

한 방울 눈물 속에
이 세상을 가둘 수 있는 사람은
행복하여라 그 눈물
눈동자 속에
가둘 수 있는 사람은
행복하여라 행복이여
그러나 그대는 사전 속에서
잠만 자느냐
어서 나오너라
행복한 이 세상에
불행한 이 눈물 속에

간월암

문혜관

달빛 속에 박꽃이 움터오는
고향 갯내음 묻어오는
간월도.

소라 껍질 속으로
갈매기 울음 가득 담기면
둘이 있어도
적적할 섬.

갯바위에 걸터앉아
소주잔 부어놓고
달을 바라보면
시성 이태백도
술잔 놓고 도망갔을
외 로 운 섬.

파도가 파도를 밀어낼 때
갯바닥은 옷을 벗고
월광욕을 하고

만공은 달을 삼키고
달은 만공을 삼켜버린 섬.

선물

민순혜

세모(歲暮)에 받은 꽃차 선물,
몸속의 냉기를 따습게 한다.

그 안에 깃든 향기는
어떤 깊이일까, 매화, 목련, 찔레꽃?

자귀나무의 사랑

민재웅

낮보다 밤이 더 좋은 그대
밤을 껴안고 사는 운명
근질근질하던 맨살에 돋아난 망울들

어느새
연분홍 비단 우산의 물결
여인네들의 수다가 시끄럽다

자귀나무 주위를 몇바퀴
빙빙 돌아 오늘 밤엔
내 사랑도 별빛 총총
머리에 이고 돌아올까

겨울의 끝

박경림

북한산 상상봉에 소나무 한 그루 서 있네요
큰 바위 금 간 틈으로 척하니 다리를 걸치고 서 있네요
겨울의 끝인데도 얼음꽃을 꽉 잡고 있네요
아주 기운이 센 놈인가 봐요

그의 발 저만치 마을이 구름이 매달려있는 것을 보면
얼음꽃이 겨우내 매달려있는 것을 보면
어지간한 놈인가 봐요

마디마디 노곤해지는 몸을 붙들며
바람맞아 떨어지기 싫다고 간간이 고개를 흔드는
저 얼음꽃도 만만치는 않네요

겨울의 끝자락을 붙잡은 저 옹고집들도
이때쯤이면

아직 눈뜨지 않은 꽃가루와 벌레와 송진 같은 것들이
그들의 속내를 눈치챌까봐

아찔한 건 아닐까요?

문양역

박경조

여기는 2호선 종점
한철 놓친 얼갈이 봄 무,
쭉 뽑아 올린 목울대에 기대어
하릭하륵 파란 꽃 피워댑니다
그 향기에 매혹된
어수룩한 배추흰나비떼 한 무리도
방금 도착한 모양입니다

개찰구 앞에서 누군가를 기다려본 사람은 알까요
내 앞에 펼쳐질 희망에 대하여,
끝내 올 수 없는 한 사람 그 막막함에 대하여,

꽃 같은 청춘이야 남의 일 같은 지금
배추흰나비에겐 한물간 무꽃이
필생의 역일 수도 있다는 것을,
사랑의 감정 또한 죽을 때까지
소멸되지 않을 수 있다는 것을,

문양역 개찰구 앞에서 생각해봅니다

보따리

박경희

대기실 의자 위 해진 보따리 놓여있다
찬찬히 훑어보니

잦은 비로 들깨 조금 나왔다고 구시렁구시렁 들기름 한 병
팔월 뙤약볕에 시리시리 고꾸라져 열병 앓은 고춧가루 봉다리
크림 맛이 좋아 산 삼립빵 세 개
이 콩 저 콩 넣다 보니 천장 위에 쥐눈이콩 두 됫박
젖은 이파리 밟아 자빠져 여러 날 병원 신세 진 취나물 한 봉다리
구부러진 산등성이 뱀 밟아 벌러덩 고사리 두 두름
열하나 자식새끼 제금 내주고 주렁주렁 매단 호박고재기 세 두름
깜박깜박 놓치는 정신줄 붙잡자고 줄줄이 꿰맨 곶감 봉다리

향천리 버스 떠나는 줄 모르고
난로 옆에 졸고 있는 할매 한 분

쥐가 달에 걸린 밤

박구경

모래톱 발목 깊이에서 만난 달이
말이 없고 차고
이지러져
산중의 부엌 앞 처마 속까지 따라왔으니
필시 사고무친 가난이
먹고살자고 베어먹었을 터
아궁이 같은 밥그릇은 더욱 차고
텅 빈 골짝마다 서늘함이 가득하니
살찐 쥐 그림자만 매끄러이 잽싸구나
댓잎 후려치는 잔광이 부신
달이 쥐에 걸린 밤
쥐가 달에게 걸려든 밤

물의 저쪽

박기섭

1
수몰지에 이울던 꽃 다시금 이울지 않고

꽃 따러 날아간 새 돌아오지 않는다네

그 물에 돌팔매질 마라

꽃 다칠라

새 다칠라

2
내게 늘 미답인 그대

물의 저쪽인 그대

능소화

박기임

조붓한 골목길
느릿하게 걷는 나에게
황홍색 웃음 던져주었다
한동안 헛가지 잡고 살아온 기억들
놓아야 한다 고개 끄덕일 때
가늘게 뻗은 나무줄기 잡고
담장을 넘나드는 손길을 보았다
나도 희망의 맥 짚고 기어오르면
저렇듯 신생의 꿈에 다다를 수 있을까
그 누구보다 먼저 다가와
속마음 환히 열어놓는 꽃
한번 피면 쉽사리 지지 않는 꽃
낡은 옛사랑의 기억도 차츰차츰 피워올려
훅훅 달아오르게 하는
불덩이 같은 네 얼굴이여
대낮보다 환한 꽃등을
사람들 가슴에 매달아 놓는구나
가장 아름다울 때
미련없이 몸 던지는 꽃

황홀한 숨결, 진다

땅끝에서 부는 바람

박병두

누구나 한 번쯤은
우리나라 최남단에 발길이 닿으면서
우리는 한 번쯤 번뇌와 고민을
땅끝에 조용히 묻는다.
파르르 울고 있는 항구에서
바람은 더 세차게 불고
땅끝에서 부는 바람으로
주저앉거나 울어대던 일들을 잊은 채,
삶, 행복, 슬픔, 기쁨, 사랑,
이 모든 것들과 깊은 수면을 취한다.
고요한 해변에서 울어대는 깊디깊은 파도소리에
생의 순간은 더 연장되고
춤을 추듯 출렁이는 선박의 풍경은
이제 나만의 노래일 수밖에 없다.
잠들고 싶어 하는 것들은 모두 고요 속에 잠겨
더 나아갈 수 없는
땅끝에서 부는 바람,
나 여기서 머물고 싶다.

강변의 돌을 만지며

박서영

뜨거운 침묵을 먹었다
손끝 베이면서도 빛나는 지느러미와
아가미를 쓰다듬었다
물가에 오래 살았으니 너도 어족(魚族)이다
흘러갈 곳 찾아 헤맸으나 느닷없이
어디론가 옮겨지고 있는 모래와 물살
전봇대에 붙어 팔랑이는 달방처럼
우리는 이사를 했다
지하에서 지상으로, 달방까지 밀려간 날엔
바스락거리는 구름소리까지 들렸다
그 달방까지 조금씩 움직이더니
우리를 개개비새 알처럼 밀어냈다
깨지지 않고 살아남아
이렇게 유정한 강변에 무수히 나앉아 있어
오래 쓰다듬어본다

천태산 은행나무

박선영

천년 전의 골목에서 서성대던 그대
옹이로 다져진 단단한 지팡이 흔들며
산판으로 간 사내 맞으려 골목길 나선다
터덕대며 걸어오는 걸음걸이에 귀 기울이며
하루 이틀 사흘 밤을 비우고 사라진다
먼지 털 듯 석양을 털고 있는 은행나무

흐린 불빛이 천태산 산등허리에 걸친다
저녁연기 여저기서 몽글게 피어오르면
어둠을 끌던 한숨이 오늘도 하차를 한다
가슴에 물컹거리던 그리움 모두 버리고
저녁 바람 우글거린 가지로 날아든다
천 년을 그렇게 날아들다 나이테가 되었다

하루의 고독을 털고 귀가하는 수많은 세월
구리고 구린 세상의 잡다한 소문 품으며
뒤축 닳은 흰 신발처럼 가지를 삭히며
가지마다 불뚝불뚝 피돌기 뭉쳐냈지
때로는 노랗게 피어오른 잎새를 떨어뜨리며
따뜻한 혈통들을 사가사각 내려놓았지

길

박선주

가 닿을 수 없는 어두운 심연일까?

새벽 울타리에 나팔꽃이 피었다
인생의 새로운 서막을 올리는 일은
나 자신에 대해 끝없이 반란하는 것
낯설어 보이는 길이지만
담쟁이덩굴같이
눈을 붙잡고 놓아주지 않는다
허공에 묻혀있던 신전(神殿)이
기지개를 켜며
마음속 문 열고
말없이 오늘도 간다

손님

박성한

가뭄 끝에 단비가 내리고
집 앞 개천에 새들이
날아왔습니다.

왜가리라고 하던가요,
백로라고 하던가요
봄날 이후 날이 가물어
볼 수가 없었는데

구정물도 쓸려가고 녹조도
쓸려간 그 자리에
찾아온 손님들.
눈인사를 나누듯이 바라보았습니다.

비록 흙탕물일지언정
생명을 품은 저 물줄기를 배경으로
오늘 감사할 일,
하나를 찾았습니다.

태반 속 아이처럼

박소영

작은 바람에도 흔들리는
거미줄,
허공에 몸을 기대고 있다

땅에 발을 딛고 있다고
스스로 서 있는 것이 아님을
해질녘 들길을 걷다가
몸을 가눌 수 없는 수숫대
바로 서는 것을 보고 알게 된 일

안 보이는 것들의 넉넉한 품
의지가 된다는 것을
가령 사랑이라든가
사람 마음이라든가
붉은 노을에 흔들리는
가녀린 강아지풀
허공에 몸을 가누는데

태반 속 아이처럼
눈 감고 휴식으로 드는 산

낙엽, 그리고 바람

박수완

길 위에 구르는 낙엽을 보며
우린, 우리가 살아가는
삶의 수치를 읽는다
날마다 바람으로 계시되는
생명을 보면
송두리째 기대어
보고 들은 이야기를
느껴 아는 이야기를
푸념으로도 좋고
자랑으로도 좋은 이야기를
마냥 하고 싶어진다

누가 바람을 찾았소
누가 바람을 만났소

죽어가는 고뇌의 현실을
잉태되는 생명의 숨결을
길 위에 구르는 낙엽을 보며

우린 우리가 살아가는
삶의 깊이를 읽는다

봄날

박순덕

서보매운탕집 마당에
산수유나무가 한바탕
노란 꽃을 퍼질러놓았다

새끼 까느라
푸석한 암탉과
살 오른 병아리가
꽃그늘에 놀러 나왔다

산수유나무는
닭을 부처님처럼 바라보고
닭은 새끼를 보살처럼 바라보고

새벽 첫 버스

박승자

새벽, 첫 버스를 타고 광주 가는 길
낮은 산등성이 아래 옹기종기 모여있는
아직 잠에서 깨지 않은 마을,
에 조신한 햇살이 비쳤다. 신의 축복처럼
마음은 버스에서 내려
조붓한 고샅을 지나쳐
숨차게 마당에 들어서고 있었다.
여름이니
백일홍과 맨드라미와 채송화가 피어있겠다.
장독대에서 수건을 머리에 쓴 여인이
허리를 깊게 구부려 된장을 펐다.
그 뜨거운 된장국 한 모금이
딱딱한 도시의 응어리가
순하게 풀릴 것이다.
차가운 차창에 이마를 대니
어머니가
괜찮니, 괜찮니 하며 따라오고 있었다.

은행나무

박완규

금빛으로 물든 두 그루 은행나무
내 기억의 동쪽에서 북쪽으로 지나갔다
집안 울안에 심어져 하늘로 힘 있게 뻗으며
의젓하게 자리를 지키고 있는 모양이 장군이다
홀로이기보단 마주 보며 눈빛 사랑 나누며
잎새 사이마다 푸른 종을 총총이 박았다
바람 부는 날이면 슬몃슬몃 햇빛을 털어내며
수많은 푸른 종들이 암모니아 비린내를 꺼냈고
뒤란엔 물음표처럼 노랑나비들이 날갯짓을 해댔다
눈 속에선 창조주의 빛나는 솜씨가 돋아나고
뙤약볕 그늘 아래에서 열대야 열기로 헐떡일 때면
푸른 잎이 노랑 잎으로 지는 황홀한 노랫소리 읊는다
누군가 단정히 기대놓고 간 침묵으로 우뚝 서서
다른 나무들의 부러운 시선 받으며, 그늘이 되어
형제들과 나그네의 마음을 노랗게 물들이고
헐렁해진 옛 기억들을 차례로 지워내고 있다
이럴 땐 자웅동주 못 미루는 꿈을 대패질하여
켜켜이 타오르는 불꽃인 양 노랗게 불태우고
우수수 낙엽 질 때면 노랗게 물든 마음
책갈피에 넣어 첫 인연의 끈으로 닫아지는 은행나무

돌을 던지며

박운식

밭둑 가 돌무더기에 돌을 몇 개 집어던진다
돌과 돌이 부딪는 소리가
풀꽃이 되어 밭둑 가에도 피어나고
먼 산 진달래꽃으로도 피어난다
어머니가 던진 돌과 할머니가 던진 돌과
아버지의 할아버지가 던진 돌과
또 내가 던진 돌과 또 누가 던질 돌이
밭둑 가 한 무더기로 모여서
무슨 말들을 하며 무슨 꿈들을 꾸는 것일까
굳어진 땀방울의 돌을 바라보며
아직도 주먹 같은 돌들이 밭이랑 밑에 숨어서
누구의 땀방울이 되어 기다리는 것일까
돌과 돌이 부딪는 소리가
아픔인 것 같기도 하고 기쁨인 것 같기도 하고
뻐꾹새 울음이 되어 들리기도 하고
소쩍새 울음이 되어 들리기도 한다

장엄한 노래

박은숙

사람으로 살아 천년 살아낸 사람 못 보았네
나무로 살아 천년 사는 나무를 보네
천 년을 살면서 티끌 많은 세상에
티끌 하나 없이 살아
저렇게 사람들 구름처럼 불러들이네
시인 공화국에 시인들 각지에서 걸음하여
하늘처럼 우러르네
천년 세월만큼 부풀린 몸집의 거목 앞에
오는 걸음 가는 걸음 생각 깊네
골짜기 흐르는 물줄기 뿌리를 키웠는가
솔숲 솔잎 사이로 내리는 달빛
파란 마음 아니면 볼 수가 없네
하늘 향해 팔 벌린 가지들
하늘 말씀 받들 줄 알고
지상으로 내리는 가지는
지상의 말씀에 명심이네
그 그늘에 나고 자라는 생명들
둥실 만월의 북채를 잡고 어화둥둥
천태산 은행나무
장엄한 노래로 천년 살아났으니
삼천 년 우주의 생명을 노래하리라

천년

박응식

꿈틀꿈틀 하늘이 사립을 연다

새벽은 산 아래로 내려가 동네를 천천히 깨운다

창문 틈 새어드는 천 년의 바람으로 자밤자밤

천태산 은행이 사람들을 알알이 꾸리기 시작했다

가을혼선

박이화

다시 걸어주십시오
지금 나는 통화량 폭증으로
연결될 수 없습니다
해마다 이맘때면
온 세상 구석구석 거리거리 공중전화에서
가로수가
은행나무가
하루종일 차르르르 다이얼을 돌려대니까요

다시 걸어주십시오
지금 나는 빗발치는 그리움에
혼선 중입니다
세상이 단지,
단지 가을인 것만으로
낙엽이
은행잎이
마구마구 옛이야기를 쏟아부으니까요

천태산은 내 마음의 숲

박정이

시간은 때론 내게 젖은 숲을 만들고
이윽고 내게 길고 긴 터널을 만든다
내 꿈은 거칠게도 자라나
어느 땅으론가 마구 곤두박질을 친다
차마 내가 버릴 수 없는 생각들
저 높은 곳에 잔혹한 가지를 치고 있다
가지를 치고 치다가 지쳐 혼자 쓰러지는 날에도
마음만 붉게 타다가 다 타버린 뒤에는
그저 숨결 같은 희망 몇 싹 틔우고 싶다
끝까지 가야 하는 내 마음의 숲
그 숲 물결에 뒤섞여 반짝이는 잎이 되어버린 사원
나는 천태산 한 귀퉁이에
오래오래 서 있고 싶은 나무 한 그루
누구를 부르지 않아도 푸른 천태산은
온종일 산 물결 번뜩이는 곳
목소리 철철 넘쳐 춤을 추는 그곳
몇 줄의 경전이 내뿜는 햇살
다소곳한 목소리로 내 마음에 아침을 연다

풀꽃 이름처럼

박지영

약령시 거리에 이름표 하나씩 달고
다소곳이 서 있는 풀꽃들
산에서 들에서 무심히 보아넘겼던
가구자, 복분자, 창이자, 우방자, 마린자
골담초, 구미초, 녹제초, 어성초, 하고초
낯선 이름들이 맹랑하게도 사람 이름 같아
중얼거리다 가만히 들여다보네.
제 이름 밑에서 꿈꾸고 있는 까만 씨앗들.
시냇물소리, 바람소리, 새소리 들으며
한 송이 풀꽃 피울 날을 기다리네.
풀꽃 이름에서 길이 보이네
무사히 밟고 다녔던 풀들에게 겸연쩍어
다시금 걸어온 길 되돌아보게 되네.
어디선가 제 길 위에 서 있을 풀꽃 이름처럼
아름다운 사람들의 이름 불러보네.

Just

박지우

네 생각의 정원에 내 이름을 적어넣고 싶어 흐트러진 풍경 속으로 바람도 불러들이고 가로등에 천사의 불빛도 달아주고 아카시아나무에 걸린 빈 까치집을 채운 절망도 불러오고 싶어 저 나무들 좀 봐 허공으로 날아오르려고 날개를 펴 노란 계절을 빨갛게 녹음하고 싶어 활짝 핀 벚꽃에 손을 넣어봐 아이들의 웃음이 쏟아져 음악은 새로운 대륙 영혼이 허기질 때 다른 세상으로 데려가지 불행의 박물관을 떠나 가장 자유로울 수 있는 네 생각의 정원에 날 세워놓고 싶어 분홍색 심장을 가진 넌 나의 꽃밭이야

솔방울 그림자

박창기

우연이었다
무심코 본 것에 정수리가 찡하다
솔방울 그림자의 비밀
빛이 어디서 오는가가 관건이겠지만
태초의 빛이 함께했다는 사실에 동의한다
소나무에 달려있을 때 보지 못했던
그 흔적에서 내가 본 것은
빛, 바람, 비, 흙
이제 발설했으므로 신비는 없다
우연이 신비를 지켜주지 못한다는 걸
안 것도 우연이다
하지만 안 것만으로 다 안 것은 아니다
두 번 다시 교만하지 않기로 한다

천년 등불

박현웅

둥글게 저녁을 그리던 새
한 끝을 닫지 않은 채 잎숲으로 사라집니다

시간의 붉은 지층이 열어놓은 길 끝
쓸지 않은 백 년이 켜켜로 쌓여
고단한 화석으로 서 있는 당신은 서낭여인입니다
천년 몸속 나이테는 천 개의 현(絃)
한쪽 날개를 여인 몸에 문신한 잎들이 날카로운 발톱으로
현을 뜯으면
천 개 만 개의 등에 불이 켜집니다
바람의 시간이 훑고 지나간 몸
얼마나 오랫동안 깜깜한 허무로 속을 메웠는지
비어있는 중심이 돋운 심지입니다
그 심지 다 태우기에는 아직 먼 생

한자리에 서 있는다는 것 얼마나 쉬운 일입니까
또, 얼마나 어려운 일이겠습니까

꽃

박혜옥

네 눈을 보면
나는 날고 싶었다
사랑하는 사람아
하늘 끝에 닿지 못해도
변함없이 스산한 바람처럼

단정한 피부 아래
숨기운 살 냄새
그 황홀함에 코를 대고
네 속으로 침몰해가고 싶다

그리하여 한 번쯤
날아오르고 싶다
너를 향하여

삼나무숲

반연희

땅은 단단해지기 위해 드러눕고
나무는 단단해지기 위해 일어선다

구름의 표정은 늘 바뀌고
서로의 어깨를 두른 삼나무숲
그 속에 한 사람
땅이 되어 누웠다

숲을 지났던 사람들의
눈동자에 어렸던 물기
구름으로 모여 빗방울로 떨어지는 소리
툭, 툭, 후두둑,

땅이 되었던 사람
나무가 되어 일어서고 있다

낙엽 하나

배 영

오늘 하루도
낙엽처럼 뒹굴었습니다
낙엽이 되어
나무 둥치 근처를 서성거렸습니다

눈물이 마르면 기쁨도 잠시
대지는 다시
모래바람 이는 사막이 되고
나뭇잎 마르는 소리에
이별을 예감하고
가슴을 추스려 안습니다

떠나며 그리움까지 가져간다고
그리워지지 않으랴
사라진다고
심장에 찍어놓은
인두 자국까지 지워지랴

마른 잎새 눈물 몇 방울 적셔
뒤척이는 몸짓 멈추게 한들
푸르던 그 꿈 되살아나랴

사람아, 그리운 사람아

소지(燒紙)

배재열

천 년의 뿌리를 향해
뱃속의 오욕 모두 거두고
두 손 가득한 소지

때마다
부처의 모습으로 안위하여

오욕의 자리 초록 심지 돋우고
사르르 불사르는 손끝마다
노오란 기쁨 열어주는

천태산 은행나무는 성자
천 년을 좌정하고도
또…….

아버지의 동백

백덕순

아버지의 집 하얀 정원에
나보다 오래 웃고 울어줄
동백나무 한 그루 심어두고 왔어요

가슴에 놀던 그날의 꿈나무
모두 떠나버린 빈자리
하늘 지붕 아래 홀로 누워
한 해 두 해 몇 해가 지났는가

재 넘어서자 뜨거운 손길
아버지보다 먼저 달려나와
벙글거리는 꽃망울 속에
황혼빛으로 물들어가는
보고 싶은 얼굴 하나 그려넣고
만져보고 안아보고 했어요

서럽게 떨어지는 꽃송이
붉어진 가슴안에 품고 와
하늘 문 열고 묻어두었어요

은행잎 편지

백승훈

햇살의 기울기만큼
바람이 몸을 일으켜 세우는
오후 세 시
나는 천천히 걸어 은행나무를 찾아갑니다
바람 속으로 안부를 띄우는 일 외엔
아무것도 할 수 없던 지난봄과 여름 사이
바람에 실려온 당신의 말씀
무성한 잎으로 피어나 찰랑거리던
초록 그늘에 들어 나무의 전언을 들었지요
이제는 내가
당신 말씀마다 금분을 발라
지상에서 가장 빛나는 답장을 띄워야 할 때,
바람 불어 산책하기 좋은 날
부디 당신은 은행나무 아래 서 계세요

참깨

변길섭

폭풍우 휘몰아친
지난여름 언덕바지
순결로 맺힌 꽃
탱글탱글 알갱이로 여물었더라

창고 한구석 포대자루 속
한가롭다가
뜨거운 불 만나면
때거리로 손 마주잡고
빙글빙글 함성 지르며
제 몸 스스로 태웠었지

타아탁 타다탁 탁탁
타들수록 깊은 맛 우러나는 아픔
톡톡 튀어 오르는 춤추며
참으로 행복하였더니라

뜨거운 몸뚱어리
천근 쇳덩이로 옥죄면
견디다 견디다가
그 진한 육즙 다 토해내고
죽어서야 고소했었다

길을 묻다

변영희

하얀 눈을 만났어

칸칸의 좁은 영토에 갇혀
층층의 탑을 쌓은
하얀 오리를 실은 트럭
뒤뚱거리고 있었지
두꺼운 부리 하늘로 향하여
한 소절씩 노래하는 아찔한

광
경

머잖아 한 움큼의 더운 피를 쏟으며
제 목숨 다하리라는 것
알고 있는
물 위를 떠돌던 뜨거운 생 응시하며
어디를 향해 달리느냐
차갑게 묻는

구름을 밀쳐낸 태양의
세례는 투명했어

눈은 자취도 없이 사라지고

칠월의 아들

변종태

은행나무에 바람 분다, 칠월은
유리창에 실금가는 소리를 내며
투명한 초록을 흔들고 있다.
바람을 받아들이면 나무는
뿌리 깊은 곳에서부터 실금이 간다.
창 밖에 서 있는 저 나무,
1억 5천만 년 전의 사연을 유전 받고, 나무
속으로 스며드는 바람도
제 형질을 물려받은 모양이다.
이 밤도 밖거리에서 잠을 뒤척이는 어머니,
골다공증을 앓고 있는 무릎으로 바람이 스며들어
뼈 피리를 만들어 불어대던 칠월의 아들,
그 기나긴 세월 동안 어머니를 어머니로 살게 한
바람, 칠월의 은행나무 속을 파고든다.
골다공증 어머니 무릎에서 피리소리 들린다.
유리창에 실금가는.

반딧불이

복효근

저것이
제 몸을 심지 삼아 불 밝혀
짝을 부르는 신호라 하니

내 사랑에 대한 힐문인가
너 1촉광의 빛이라도 제 몸으로 빚은 적 있더냐고

처음 사랑을 고백하던 그때
내 여자의 눈 속에서 보았던 그 빛 같은

오녀산에 올라

봉창욱

서문구 주춧돌
꿈 안고 살아가는
고구려인 물 마시던 천지
마르지 않네

초병처럼 량창 지키고 섰는
우거진 억새풀 사이
청태 낀 연자돌
가볍게 옛사람과 숨소리 나누네

세월의 흔적 묻은 성벽 아래로
바람처럼 구름처럼
나뭇잎들 뛰어내리네

* 오녀산: 주몽이 고구려를 건국한 도읍, 중국 요녕성 환인의 오녀산임.

천태산 은행나무의 신발

서범석

눈에 잘 보이지도 않는 커다란 발
얼마나 못생겼나 숨겨두고 사는 발
신발을 신어야 언젠가 도솔천에 갈 텐데

능선에 걸린 초승달 눈웃음을 보낸다
날 잡아보라고 진주폭포가 꼬리를 친다
같이 가자고 천태동천 바람이 손을 흔든다

저기 삼신바위 무거워 신을 수 없네
개심저수지도 너무 커서 신을 수 없네
물안실 계곡 너구리굴도 너무 작아서
이 신발 저 신발 다 맞지 않는다

멋모르고 걸으면 평안 나라 다칠까 봐
은행나무는 결단코 신발 신지 않는다
천 년을 저리 두고 하늘만 눈 맞춘다

달

서주영

세 살 나이로 우물에 빠진 달을 건지다 죽은
점방 춘님이의 어린 울음 서 말,
전신 비틀어 눈동자까지 중심에 세운 뒤라야
한 발짝 겨우 떼어놓던 당숙 아저씨 절룩임 아흔 단,
기어들어가는 소리로 동냥하던
아홉 살 준식이의 설움 삼만 필을 내 앞에 부려놓고
춘천호에 몸을 담근 너의 수면이 부르르 떨린다

호숫가, 방아깨비 절뚝이며 외발로 뛰고
쑥국새 오래도록 감나무에 훌쩍임을 매단다
춘님이는 우물에 빠지던 그날처럼 아직도 몸을 수그린 채
물에 빠진 달을 움키어 자꾸만 뜯어먹는다

주섬주섬 부려놨던 것들을 챙기던 너의 혼잣말이
중얼중얼 빛으로 부서져 내린다

자신의 얼룩은 춘님이의 눈물 콧물이라고,
당숙 아저씨와 점순이의 피눈물자국이라고

영국사 은행나무

서지월

누가 매달아 놓았나
수천수만의 어린 손들

영국사 앞
아기 부처님들 걸어나와
염화시중의 미소 지으며
일제히 손짓하는 듯

불국정토 가는 길
예 있음을 알아
바람이 경(經)을 읽으며 알려주네

누가 매달아 놓았나
수천수만의 눈부신 알들

영국사 부처님 나들이 나와
이승을 뻗친 가지마다
염주를 걸어놓은 듯

모든 것은 열매로 돌아가고
번뇌가 사라짐을
바람이 운판을 치며 들려주네

천태산 은행나무

서지희

오고 가던 바람의 냄새
많고 많던 추억의 냄새
보고 싶던 사람의 냄새
가슴 가슴 만져놓은
가을의 눈시울이 노랗다.

겨울 은행나무

서효륜

시간의 바퀴에서 떨어져 나온 얼굴들이
바람 사이로 저마다 허기진 그림자를
매달고 서 있다

떨어지는 얼굴 하나
하나 위로 빈 바람이 내린다
성근 비가 뿌린다

후두둑, 바람 떠난 자리에
어미의 빈 울음소리
하늘로 올라가 푸른 달빛이 되고

떠나고,
남는 이유들만이 가득한 거리에
철없는 그림자 하나 가슴으로 진다

소리

서 희

나팔꽃이 가는 허리를 안고
담장 위를 올라갈 때
안개비 닮은 바람이
그네를 타고 내려와
어린 꽃잎의 볼을 어루만지는
소리

노을 저무는 보리밭
등뼈 곧추세우고
초여름의 허기와 가래로
꽃 아닌 것들도
머리를 하늘로 올리우고
하느작하느작 사선으로 누워
몸 부비는
소리

나도 그곳에서 흔들리고 싶어요

너도바람꽃

성태현

산이 조금씩 무너지고 있다
산비탈 돌밭에 피어난 순백의 꽃
가녀린 꽃잎 파르르 떨고 있다
너도바람꽃
그 파장으로 또르르 무너져 내리는 돌멩이 하나
꽃이 산을 무너뜨리고 있다
그 작은 꽃, 어디에 바람을 품고 있었는지
바람을 일으키는 것은
둥지 짓기에 바쁜 오목눈이들의 날갯짓뿐인데
바람에 긁힌 흔적만이 꽃잎에 명료하다
납작 엎드려서 꽃의 눈을 들여다본다
우글거리는 메두사의 머리들
눈을 마주치자 일제히 고개들 쳐든다
범접할 수 없는 하데스의 땅
비탈길에서는
바람 풍겨와도 그 꽃과 눈 맞추지 마라
그 바람에 너도 돌이 되고야 마리라

노란 시어(詩語)

송가영

노오란 은행잎,
익어가는 햇살에 단풍든 잎사귀
하나 둘 낙엽 져
갈바람에 구르고 있네

파란 열매 옹골지게 자라
노랗게 익어 툭 툭 떨어질 때까지
가지에 묶인 녹색 이파리로
모진 세월, 비바람 탓으로 돌리며
부양(扶養)의 희생을 다—한 잎새

이제 노란 단풍으로
가지를 떠나는 잎새의 자유
높다란 가지, 허전함을 바라보다
석양의 노을 따라 구름 벗 삼아
황혼(黃昏)의 길을 떠난다

시린 빈 가지,
붉은 노을만 바라보던 사내
어스름한 밤을 거적처럼 걸치고
여명(黎明)의 아침까지
밤새 줍지 못한 노란 시어(詩語)
낙엽 져 구르는 노오란 은행잎!

천태산 은행나무

송길영

천태산 은행나무 앞에서
세상을 덮어버린
노랑 물결을 바라보렴
내가 허물에 눈이 어두웠을 때
황금 물결 가득함에
세상을 다 가진 듯 자만했는데
참회로 돌아와 바라보니
자비로운 부처의 모습
인간의 선의지(善意志).
은행잎을 스치는
장엄한 바람소리 들어보렴
내 마음 속세에 있을때
원망과 비탄으로 울부짖었는데
맑은 마음으로 돌아오니
풍경소리, 노승의 경 읽는 소리
아가의 해맑은 웃음소리.

옛날처럼

송소영

헷세를 좋아하세요?
저무는 천태산의 그림자를 가볍게 등에 지고
빨간 T셔츠에 가득 밴 가난한 정열을 튕기며
턱밑을 가로 긋던, 미운 집게손가락의
하지만
빛나던 20대의 젊은 사내

이제
그리운 모습만 잔뜩 걸머멘
초로(初老)의 사내로
구부정해진 어깨 노을에 감춰두고
은행잎에 소망을 적고 있다
옛날처럼

저물녘
1,000년의 풍상을 이겨낸 은행나무 노란 손끝에 매달린
빛나던 광휘(光輝) 사라진 다소곳한 붉은 해는
바라볼수록
슬프다

천태산

송시월

막고굴 같은 걸개 시 계단
석실마다 발화되지 못한 단세포의 나뭇잎 언어들
발밑에서 꼬리 꿈틀
'나' 라는 자음 'ㄴ' 을 미끄러뜨린다
삼신할매바위 천 개의 주름강에서 떨어지는 모음들
내 발등으로 미끄러진다
왕오천축국전(往五天竺國傳)은 보이지 않고 앞서가는 등산복차림의
폴 펠리오와 데리다가 우산 속으로 미끄러진다

미끄러지고 미끄러져 영국사 앞마당에 천 년의 언어
노오랗게 피워내는 은행나무
내가 "허공의 하트" 라고 외치자 수수천 마리 노랑나비를 날리며
'천태산 은행나무 시제' 란 플래카드를 펼쳐든다

천태산 월아천 천궁자리 왕오천축국전 천마도 천지연 이런 말들이
천 개의 강줄기를 건너 지금 막 해가 뜬다

칙칙한 껍질을 벗어버린 나,
여여산방으로 영국사 공민왕의 무릎 위로 동서남북 천축국으로
자율자율 미끄러진다
어린 동자승 구름이 자전거 바퀴에다 하늘을 감으며 조용히 내게로 온다
허공이 울퉁불퉁 페이며 아, 아, 아, 소리를 낳는다

내가 서 있는 이곳
언어의 발원지인가? 도착지인가?

천태산 은행나무

송옥선

마디마디 햇살을 안고 있는 그대는
천년 전 태양이 낳은 자손입니다.

세상의 통점을 읽을 줄 아는
그대의 눈과 귀가
살아온 세월만큼 깊어져서 피부엔
당신만의 문자가 돋았습니다.
천만 가지 고뇌가 꿈틀거리고
정수리가 저린 날에도
속 맑은 잎맥의 그대는
그 부드러운 언어로
살아온 날들을 추억합니다.

등댈 곳 없는 이들에게 스스럼없이
몸과 마음을 내어주는
그대의 무릎 그 아래에 나의
허기진 생각 한 조각을 걸어두고
술 빵 같은 위로를 받습니다.
빛인 그대와 빛의 친구인 우리가
천년, 그리고 천 년을 기약하며 그렇게
숨결을 교감합니다.

돌에 핀 꽃

송정현

그래 이맘때였을 거야
따글따글 봄볕이 환하기도 한 한나절,
더디게 더디게 피운 찬란함이
어둡고 습한 사방을 견디어낸 흔적이,
드릴로 쪼개지 않으면 벌어지지 않는
틈을 비집고 올라온 끈질긴 생명 말이야
차가운 바닥을 따뜻하게 데워주었던 일 말이야
그리고 며칠이 지나도록 나를 인정해주지 않았던 일 말이야
아마도 경험하지 못한 일이라 제정신이 아니었던 것 같아
제 몸 어딘가에 허락도 없이 자리 잡은 옹고집을
받아들이기에 너무 오랜 시간 혼자였거든
하루가 지나고 열흘이 지나고
조금씩 조금씩 그림자에 익숙해지고 있었지
물관에서 물 기르는 소리라던가
실바람에 흘리는 묵향 같은 향기라던가
구름 같은 그늘이라던가
그러던 어느 날부터 나는 수숫대처럼 말라가는데
어쩌니?

말나리꽃

송　진

너를 읽으니 구토가 났다
어떻게 된 거니?
없는 너의 숟가락 하나 더 놓았다
먹어
너 먼저 먹어
나무탁자 아래 호기심 가득한 눈으로 모여있던 팥알만한 귀신들
사시처럼 흩어졌다 모여들었다
뭘 보니?
어차피 없는 것인데
몹쓸 소의 간
혼자 헐떡거리며
태풍 카누가 노를 저어
너의 복잡한 머릿속을 지나갔지
빨간 모자를 벗고
가만히 생각에 잠긴 동그란 의자의 혀
할리스 커피는 뭐가 다른 감?
꽃은 감 찾아 삼만 리
빨간 모자를 썼다 벗어보지만
노란 모자를 벗었다 써보지만
여전히 오렌지고급특수깔창이다
너는,

은행나무

송태순

가로수로 선택되어
몇 해를 살았을까
하늘 향해 양팔 뻗어
눈부신 태양 접어넣고
진녹색 잎을 흔들어댄다

파란 하늘에 하얀 구름
여름 소나기 쓸고 가면
후덥지근한 습기 머금고
가슴팍에 달려드는
물큰한 흙냄새 한 줌

나비 같은 은행잎 바람결에
소삭소삭 가을이 물들면
내 안에 삭히던 노란 번민도
가지마다 황금색으로 흔들리겠지

행여나 후각을 몹시 자극하는
비위 도는 냄새를 맡거들랑
올림픽 금메달 따기 위한
피나는 훈련이라 생각하며
하늘에 노란 꿈을 펼치고 싶다

닮아서

신경림

아빠가 심는 상추는
억세고 뻣뻣하고
아빠 손 닮아서
억세고 뻣뻣하고

엄마가 가꾼 상추는
부드럽고 연하고
엄마 목소리 닮아서
부드럽고 연하고

언니가 따온 상추는
역도 선수처럼 통통하고
언니 몸통 닮아서
역도 선수처럼 통통하고

내가 먹는 상추는
감기약처럼 쓰디쓰고
엄마 잔소리 닮아서
감기약처럼 쓰디쓰고

시작한다는 것

신덕룡

어미 새의 울음이 풀숲에서 들려오자
갓 부화한 새끼가 아파트 9층, 보일러 환풍구 끝에 올라선다.
세상이 온통 발끝에 쏠린 채

고요

이제 막 새순처럼 돋아난 원앙의 날갯죽지 위로
오후 햇살이 소나기처럼 쏟아지고
발끝 아래 강물의 수면은 온갖 소문들로 술렁거렸다.
두려움과 의혹이 끼어들기 전에
어딘가로 맹렬히 달려가는 본능이 두려움을, 꽁무니를
전 생애를 떠밀었다.
수수억년 전, 오로지 날고 싶은 새의 조상들이 그러했듯
풀어헤친 꿈의 한 자락을 물고

공중 낙하

작은 몸뚱이가 내뿜는 빛으로 허공이 잠시 환해지는데
쥐꼬리만한 강변의 풀숲
그늘에선 떠돌이 개의 눈이 반짝, 빛났다.

반가사유상

신명옥

연화대 위에 당신의 모습으로 앉아서 지나온 시간을 돌아봅니다
백지에 첫 고백을 쓰듯
서리가 하얀 모슬린 천으로 덮인 풀밭을 걸어갑니다
고마리 흰 꽃과 물봉숭아가 피어있는 계곡
억겁의 시간은 오늘도 물소리처럼 세속을 향해 흘러갑니다
잠자는 돌, 꿈꾸는 돌, 깨어있는 돌들이
내 안에서 몸을 다듬는 생각의 옹어리들 같았습니다
나는 형상을 얻기 위해 마음을 닦는 순례자입니다
나는 돌 속에서 빠져나오려는 눈 뜬 뱀이며 여의주를 바라는
이무기입니다
붉은 심장과 푸른 정맥이 깨어나도록 돌의 가슴을 문지르면
내 안의 용이 하늘로 승천할까요
검은 구름의 하늘에는 얇은 미농지처럼 낮달이 떠있습니다
찬 기운에 풀죽은 코스모스 꽃들을 황혼의 그림자가 쓰다듬고 갑니다
구름 사이로 유리섬유 같은 햇빛이 쏟아집니다
하늘에서 바람이 불어오고 까치 한 마리 감나무 밑에서 종종거리는 동안
당신의 내면에서 오는 빛이 내 앞에 환한 길을 열고 있습니다
나는 이 길을 걸어 당신의 화엄(華嚴)에 닿을 것입니다

은행나무, 그 눈짓

신수현

소리 없이
부채꼴로 번지는
바라볼수록 자라는
깊은 그늘 내어주는
초록 잎잎
웃고 있니?

나 그런 눈짓만 바랐다
기댈 줄만 알았다

바람과 햇빛과 구름을
발뿌리 깨져가며 이고 서서
어둠과 모래를 삼키고
사리처럼 생겨나는

깊은 사랑인 줄 몰랐다

네 좁은 어깨
작은 키로도
웃어봐 너도 웃어봐
팔 벌려 안아봐

벙싯 벙싯거리며
다가오는
은행나무, 그 눈짓

맑은 탁류

신형주

미꾸라지가 많은 물은 맑다

들끓는 고요
개울을 들여다보던 그때,

미꾸라지 서너 마리
진흙 속에서 요동친다
흙탕물을 일으키며 뿌옇게 변하는 개울

진흙 바닥에 살고 있는 수많은 미꾸라지들
그들이 물의 자정력이다

미꾸라지가 많은 물은 건강하다

일기

안도현

오전에 깡마른 국화꽃 웃자란 눈썹을 가위로 잘랐다
오후에는 지난여름 마루 끝에 다녀간 사슴벌레에게 엽서를 써서 보내고
고장 난 감나무를 고쳐주러 온 의원(醫員)에게 감나무 그늘의 수리도 부탁하였다
추녀 끝으로 줄지어 스며드는 기러기 일흔세 마리까지 세다가 그만두었다
저녁이 부엌으로 사무치게 왔으나 불빛 죽이고 두어 가지 찬에다 밥을 먹었다

그렇다고 해도 이것 말고 무엇이 더 중요하다는 말인가

은행나무

안이삭

유독 한 그루만
성급하게 물들었다
성급한 나무를 사이에 둔
양쪽의 나무는
희한하게 겯고 있는 쪽의 어깨만
노랗다

지난여름
유난히 새들 많이 품던 나무
새소리 어찌나 왁자하던지
무성한 잎 안쪽이
몹시 궁금해지던 나무

상처는 힘이 세다

안차애

괴산 외사리 산막이 옛길 호숫가에서 신갈나무 연리지를 보았다
두 나무가 키 중간 둥치쯤에서 하나로 붙어있다
오른 나무의 옆구리께와 왼 나무의 어깻죽지께가
제각각의 상처를 중심으로 한 몸이 되어있다

깊게 헐은 옆구리의 비명소리 들린다
꺾인 어깻죽지의 피멍과 핏자국이 보인다
이 옆구리께서 저 어깨 쪽으로
푸른 수액 링거 한 통 가만히 밀어 올려주는 몸짓이 간절하다
저 어깨를 반쯤 허물어
이 옆구리의 패인 살로 채워지는 시간이 옹이로 박혔다

물관과 체관이, 호흡과 한숨이, 탄식과 흐느낌이
가만히 오고 가고 또 가고 오고……
이윽고 한 뿌리가 다른 뿌리의 잔등이 되고
한 슬픔이 다른 슬픔의 배후가 되고……

눈물이 눈물에 포개어 서는 기미가 고요보다 깊다
당신과 나
두 개의 나이테가 상처의 경계에서부터
천천히 지워진다

은행나무

양동률

학포당 은행나무
뜰 안에 전설 같은 성을 쌓는다
우람한 자태 한눈에 반했다
그 모습 오백 년이 여물고

부채꼴 이파리 흔들며
엉킨 속마음 드리운 채
수많은 사람들 오가는 길목에
우두커니 서 있다 강골이다

학의 깃털처럼 고고한 샛노란 잎
바람결에 날릴 적마다 눈부셔
한 잎 주워서 책 속에 넣었다가
은행나무 기별을 전하고 싶네

내 가슴속에 노랗게 물들 당신
곱디고운 이파리 속살 내놓듯
그리움 가득 담아 전하고 싶다
아름다운 기별 하나 전하고 싶다

영국사에는 범종(梵鐘)이 없다

양문규

영국사에는 범종이 없다

산과 산 사이로 구름이 낮게 흘러가고
바람 속을 종소리 대신
소똥 묻은 새가 울고 간다

스님은 심장을 드러내고 계곡물소리를 듣는다
서로 가는 것을 묻지 않고,
길이 끝나는 곳으로부터
소리들이 되돌아와 발 디디는 곳마다
종을 울린다

물은 흘러가는 것을 묻지 않고 계속 흐른다

마음속의 관음(觀音)
종소리 아닌 종이 운다

절 밖
아름드리 은행나무,
큰 울음
나뭇등걸 속에 내장한 채
하늘을 떠받들고 서 있다

천태산 은행나무

양선규

아랫마을보다 먼저 찾아든 차가운 밤바람 피해 천태산 은행나무 넓은 등에 기대 잠시 몸을 데우는 동안에도 나무는 몸을 움직여 몇 개의 남은 은행을 털어내며 시린 겨울을 맞는다.

큰 산 뒤로하고 은행나무 곁을 지나 숲 속 어둠 풀어 집으로 돌아오는 길, 나뭇가지 팔을 뻗어 동구 밖까지 따라나서는 긴 그림자, 나무의 따뜻한 심장소리를 듣는다. 두근거리는 천년 내력을 듣는다.

하지만 오늘도 나는 지금까지 살아오면서 지은 마음에 새겨진 삶의 흔적들에 대하여 아무것도 고백하지 못하고 그냥 돌아오고 말았다.

햇빛 바람 새들 혹은 곰살가운 누군가

양수덕

숲에 들어섰더니 못 보던 길이 새로 나 있다
뭇 나무들 사이 은행나무들만 번창한 은행 오거리군
가지 앙상할 때 부실 은행이라 나무랐고
잎 파랄 때는 눈길조차 주지 않았는데
나 모르게 흑자를 키웠던 우량 은행들 즐비하다
햇빛 바람 새들 혹은 곰살가운 누군가
여기 바지런히 들락거리며 예금한 것이 사랑이라면
만기 다 되었다고 문을 덜렁 연 금고들, 그럴싸하다
숲에 돌아다니는데 웬 남자가 들어와 있다
남자는 잠시 주위를 둘러보더니
두툼한 벽돌블록을 들고 나무의 가슴패기를 친다
금고의 빗장이 떨려 나가자 황금을 훑는 남자
그때 새들이 사이렌을 울리며 모여들고
바람인 경찰차에 시동 걸린다
황금 자루를 둘러멘 그는 유유히 숲을 빠져나간다
툭 떨어진 그의 통장 속 빈칸들이 하얗게 펄럭펄럭
경찰차에 탄 줄도 모르고 그는 수많은 눈들을 질러간다
언제 한 번이라도 은행나무를 어루만져주었느냐는
눈총도 느끼지 못하고 후끈 달아난다

틈새 풀

양효숙

도시의 틈새로 빼꼼 나온 풀
계절 틈새로 삐죽 나온 풀
살아가고 살아내는 틈바구니

입안에 풀칠한다
풀풀 웃어가면서

틈새 메우고 메꿔갈 틈 없다면서
어느 틈 틈 사이로 풀이 되었나니
틈새 풀이 되었나니

서울에선 별도 헤맨다

여남희

영종도 다리를 지나는데
붉은 노을이 바다에 내려앉는다
바다와 서산은 붉은 물감 속에 갇혀있다

토마스 하디의 소설『귀향』속 땅거미 질 무렵의 그의 고향풍경이 떠오른다

돌아오는 다리 위엔 온통 밤하늘을 수놓은 별무리만 반짝이고
서울의 강엔 하늘에서 관광 여행 온 수많은 별들이 노닐고 있다

너무 복잡한 도심에서 길 잃고 방황하는 별들은 강물 속에서 외치고 있다

하늘에서 내려다볼 땐 그토록 아름답게 보이던 강이 왜 이리 지저분하고 인공적이냐고

원래의 자연스런 한국적인 아름다움은 어딜 가고 서양의 풍경과 비슷하냐고

옻나무

염창권

가문 날들이 많아서인지
가문가문한 가을 길들이 자꾸 끊어진다.
옻나무 가지가 내 팔뚝을 긁고 지나간다.

줄기에는 독을 한 사발 품고 있으리니
내 몸에도 곧이어 홍조가 들 것이다.

그녀가 끝내 허락되지 않았을 때
몸 안에서 검은 담즙을 뱉어낸 일이 있다.

옻나무보다
맑고 선연하게 걸러낸 단풍 빛을 여직 본 적이 없다.

독을 품고 있을 때
사람들은 지독하게 맑아져서
그 안을 모두 들여다볼 수 있다.

허수아비

오세영

구획 정리가 잘된 농지는
식물들의 아파트 단지인지도 몰라.
도시 샐러리맨 같은 작물들의
출퇴근이 정확하다.
자연의 시간은 일 년이 하루다.
지금 시각은 오후 6시,
가을의 시작.
거리는
일제히 퇴근길을 서두르는 인파들로
북적거린다.
한밤은 겨울,
인적 끊긴 단지 내엔 몇몇 경비원들만이
무료하게
적막한 집들을 지키고 있다.
허수아비, 허수아비,
봄을 기다리며
먼 산맥을 말없이 응시하고 서 있는
겨울 들녘의 허수아비.

자연도감을 펼쳐들다

오승근

불그레 화폭의 궤적을 휘날리며
자연도감의 페이지가 떨어지고 있다
꿈을 복습하던 페이지에서
잎은 홑소리의 휴지부로 떨어지고
가지는 닿소리 획으로 긋고 있다
추정이 삼라만상을 사언고시하자
공자나 맹자쯤 되는 고목나무 아래
그가 서당 귀로 추거를 득문하고 있다
해살을 찍은 그림자가 획으로 뻗을 때
점자로 나뒹굴던 모음을 어구로 엮어
훈민정음을 해례하는가
표의문자로 나뒹구는 낙엽들
곧, 추경의 후기로 정리될 것이다
칼날에 해체되는 문장부호들
자음이 떨어져나간 자리 목이 메인다
어눌한 훈민가를 고수하던 고목이
논어의 한 대목처럼 휘청거릴 때마다
자음처럼 살아온 그대가 떠나간다
모음으로 남은 그가 하늘하늘
애곡한 마음 휘어잡고 소리쳐 보지만
장애성 발성음으로 소실되는 음세
무성했던 자음이 해체된 가지마다
바람도 휘음처럼 모음을 흔들어댈 뿐이다

천태산 은행나무님께

오하룡

조물주가 부여한 한방적(漢方的) 기능에 관해선대요
은행나무 잎과 열매의 약효에 관해선대요
그 중에 사람에게 미치는 순기능이 있대서요
그래서 이 시원찮은 자 두 손 모으는데요
진작 아셨을지 아전인수인지 아득하지만요
부디 순기능으로 역기능 천리 밖 밀어내고
오로지 천년 천태산 은행나무님의 신비(神妙)한
영험(靈驗)에 속절없이 그냥 눈 감고 기대서인데요
그저 이 나라 하나 되게 빌고 빌어보는데요

나는 사과를 쪼개서 먹지 못한다

원무현

나는 사과를 쪼개서 먹지 못한다
어릴 때처럼 살만 베먹고
뼈는 그냥 남겨둔다; 그 뼈의 집에는
나무를 꿈꾸며 시간을 항해하는
씨앗 두 개가 나란히 누워있다

세상은 언제나 쪼개지고 나눠지면서 힘을 길러왔다
좌/우, 상/하, 흑/백……
그래도 나는 사과를 그렇게 해서 먹지 않으련다
내 안에 칼 깊숙이 지나가
몸이 두 동강 난 아픔을 울어야 했던 것은
사랑하는 이와 이별을 할 때였다

나는 사과를 쪼개서 먹을 수 없다
저만치서 사과나무가 또 꽃을 피우고 있다

매화를 지나가는 달

유미애

먼 곳에서 노루가 울었다
내게 남은 건 귀가 잘린 나무와 고요한 저녁
달은 날마다 매화를 찾아오고
쓰러진 내 밥그릇에 숨어 밤을 지새우곤 했다
늦도록, 나는 그 빛 속에 얼굴을 묻고
매화의 혈통과 노루의 입과 내 이름을 생각했다
길이 끊어지고 달의 정강이가 휘어졌을 때
들개 한 마리 절룩이며 걸어왔다
녀석은 구덩이를 파거나 묵은 가지를 빨며 지냈다
움막 위의 달빛과 매화의 은은한 곡선
배곯은 날이나 매 맞은 밤에도
우리들은 무기력하고 아름다웠다
나무가 얼마나 탐스러운 꽃을 피웠는지
이 골목의 아이들을 어떻게 먹여 살렸는지 들려줄 때
떠돌이 개의 눈이 광기로 빛났다
내가 세운 숲으로 엽서가 날아들고
새끼 노루가 달을 향해 짖을 때
녀석이 구덩이를 버리고 떠나갔다
그리운 개 냄새와 구덩이를 메운 울음소리
그렇게 봄이 깊어갔다

눈꽃

유순예

나, 이렇게
잎 진 나뭇가지에
세 들어
봉오리를 맺었습니다.

나, 이대로
입 꼭 다물고 있으면
그대 곁에 오래
머물 수 있을까요?

삶도 죽음도 없다

유승도

입동이 지난 뒤, 추위가 시퍼렇게 깔린 날이었다 잿빛 구름이 머리를 덮었다

쿵 쿠앙 쾨아아아아
쿵야 쿵야 쿠아아아아

집 옆 등성이 너머 계곡이 흔들렸다 산이 흔들렸다 집이 흔들렸다 나도 흔들렸다
달아나는 멧돼지가 보였다 새끼들도 서너 마리 보였다 땅을 콱콱 찍으며 내달린다 생과 사의 경계선을 타고 질주하는 멧돼지들
나무들도 팽팽 긴장하며 비켜선다 튀어라 생각이고 뭐고 무조건 뛰어라
총알이 비켜간다 바람이 휜다 죽음을 향해 달려라

벌초, 하지 말 걸

유안진

뗴풀 사이사이
패랭이 개밥풀 도깨비바늘들
방아깨비 풀여치 귀뚜라미 찌르레기 소리도
그치지 않았는데
살과 뼈 녹여 키우셨을 텐데

다 쫓아버렸구나
어머니 혼자
적적하시겠구나

은행나무의 한 말씀

유영옥

백 년도 못 살면서
힘들어 못 살겠다
아파 못 살겠다
재미없어 못 살겠다는 사람들은
다녀가시게

나 여기 천 년을
한자리에 끄덕 않고 서 있었다네
온갖 풍상 이겨내며
새잎 피워 풋풋한 그늘 드리우고
열매 맺어 나누는 기쁨 누리며 살아왔다네

누구든 세상일에 지치거들랑
와서 나의 너른 품에 한번 안겨보시게

이슬

유준화

왕거미가 누런 보리밭 귀퉁이
꽃 양귀비 꽃밭 위에 친 그물에
염주알처럼 주렁주렁 이슬 맺혔다

부챗살로 피어오르는 새벽
일백팔 개 매달린 이슬방울 속에
붉은 꽃송이들 들어있다

저 이슬방울들
화무는 십일홍이고
권력의 꿈은 허무한 줄 몰랐던가

허공에 걸린 빈 거미줄
아직도 털어낼 것이 남아있는지
먼 산기슭을 적셔오는 목탁소리

태풍

유진택

사채업자들이 우당탕 들이닥쳐
망나니처럼 마당을 휘젓고 다녔다
화단가의 나무나 풀이며
마당가 외진 구석의 꽃나무조차 뽑아버리고
주인 나오라며 고래고래 소리를 질렀다
죽이려면 죽여라고 산발한 채 대드는 호박넝쿨과
허리 부러져 신음하는 동백꽃들이
겁에 질려 붉은 눈물을 쏟아냈다
공중 부양한 물건들이 깨지고 박살 난 와중에도
망나니들은 흉흉한 웃음을 날리며
마당을 극도의 공포로 몰아넣었다
겁에 질린 가족들이 방안에서 벌벌 떨고 있는 사이
가랑비는 가슴을 그어대며 철철 내리고
빗물에 젖은 꽃잎들이 어수선하게 날아다녔다
빚 갚을 능력 없으면 장기라도 내놓든지
금 간 물건이라도 차압시키겠다며
여기저기 붉은 꽃잎들을 붙이고 다녔다
부러질 듯 흔들리는 바지랑대며
골 깨진 바가지,
나뒹굴어진 자전거까지
피도 눈물도 없는 차압 딱지 일색이었다

외치

유현숙

1

청동 도끼와 돌촉을 멘 남자가 집을 나섰다
협곡으로 들어간 남자는 돌아오지 않았고, 침엽수림 아래에서 목 긴 짐승이 오래 우는 밤
나는 숨죽이고 불면했다
터진 손으로 부싯돌을 치는 동안 지축이 기울었고 나무는 뿌리째 뽑혔고,
눈 속에 파묻혔던 남자가 게놈분석으로 돌아왔다
눈두덩이가 패이고 붉고 서늘하다
갈비뼈 사이에서 물 흐르는 소리 듣는다 남자를 재웠던 내가 흘린 물소리다
잠든 동안 남자는 무슨 꿈을 복제했는지, 별 조각 같은 아이들과 꽃잎처럼 흩어지는 수화(手話)와 짐승처럼 허기진 내 언어를 만났는지
눈이 녹는 동안 새가 우는 동안 그런 만년 동안,
그리웠던 것은 마른 살갗과 살갗이 주고받은 이야기다

2

젊은 머리칼을 날리며 집을 나선 당신은 아직 돌아오지 못하는지, 어느 곡벽(谷壁)에 기대어 서서
여전히 궁벽(窮僻)을 꿈꾸는지
나는 지금 어느 골짝의 만년빙 위에 누워 등이 얼었는지

* 외치(Oetzi): 1991년 북부 알프스에서 발견된 5,300년 된 사냥꾼의 미라

천태산 은행나무

윤갑현

가배야! 가배야! 날 부르던 큰당숙모
목소리 듣고서도 나무 뒤로 숨곤했던
유년의 어린 추억이 아련하게 떠오른다

사랑방 화롯불에 둥그런 은행 굽다
사방으로 톡톡 튀어 잿불에 손을 데던
어릴 적 고소한 이야기가 노랗게 물들고

행여나 옻오를까 조심스레 다루면서
해달로 여문 낙과 지긋하게 밟던 기억
천 년의 나뭇가지 밑에 앉아서 바라본다

아름드리 쭉쭉 뻗은 천태산 은행나무
열매를 맺는다는 건 기억이 열리는 것
기억도 노오랑 기억 천 년의 오랜 기억

* 가배: 큰당숙모님께서 어릴 때 윤갑현을 부르던 특별한 별호

꽃

윤승범

1.

나는 풀인가 잡초인가…… 하염없이 절망했다

절망이 끝나자

꽃이 피어났다

2.

꽃이 되고 싶지 않은 풀이 어디 있으랴

눈, 바람, 햇살…… 다 품은 것이

꽃으로 핀다

3.

하염없이 절망해도 꽃이 피지 않았다

화사하려는 욕망이 눈을 가렸구나!

자귀

윤임수

여린 이파리들 촘촘히 엮어
연둣빛 맑은 그늘 만들고 있는
오래된 자귀나무를 보면
자꾸만 그 이름 부르고 싶다

자귀
자귀가
나도 모르게 자기로 들릴 때까지
자기를 귀하고 귀하게 여길 때까지

하늘다람쥐 눈

윤정구

투욱— —
하늘에서 양식이 떨어졌다
깜짝 놀랐던 하늘다람쥐가
두 눈을 반짝이며
잘 익은 도토리 하나
앞발로 집어든다
하루를 먹을 수 있겠다
하느님, 고마워요
도토리를 낀 두 발을 비빈다
작고 힘없음을 생각하고
때로 하느님을 원망했던 것
용서해주셔요
새까만 하늘다람쥐 눈에
파란 하늘이 어렸다

한번 더, 꼬끼오!

윤향기

한세상 샛노랗게 불 지르고 껄껄 웃다
저를 다 벗고 나서야 그늘에 드는 나무
심금에서 피안으로 굽어지는
저녁의 내력
살아서 심장을 감춘 당신은 알까, 이 마른 헐떡거림

무하유 어둠 안고
혹한에 들어선 삶의 맥박이 빨라진다
떠돌던 병자의 노래가 드디어 유순해질 때
문자를 떠메고 가는 이 서글픈 망명
다시, 천 년의 공복을 삼키고 나면 당신을 만날까

횡경막 아래 삼단 같은 침묵을 깨며
황금 사리가 홰를 친다

"꼬끼오!"

만추(晩秋)

이강하

아야, 지금 우리는
발설하고 싶은 비밀의 숲에 누워있다
지극히 편한 자세로
성실한 나비 날갯짓을 상상하면서

너와 나 사이는 붉은 요람의 추
툭, 건들면
순식간 그리운 혈(血)이 북받치듯 가슴이 뛴다
서늘하면서도 아주 냉철한 균형,
혁명의 그날처럼 햇살이 짙다

지극히 일상적인 나날
비통속적인 얘기는 여지없이 털어서 삭제
고독한 것들, 생각이 깊은 나뭇잎은 휘어진 길 위에서
검은 안경을 쓴 채 인디언 춤을 춘다
우리 긴 머리카락은 은행잎이 노랗게 쓸어 묶고,

아야, 우리 머릿속은 온통 호랑나비떼
꿈을 입고 서서 자는
꿈이 나를 입고 날아다니는,
그래서 더 누군가가 간절한 이 늦가을 단풍이
눈물 나게 곱다

암소 한 마리

이경호

암소 한 마리, 라는 고깃집에서
암소가 묻힌 봉분들이 나온다.

스스로 무덤이 되겠다고
사람들이 줄을 물고 들어간다.

나무들의 흔들림을 보며

이달균

나무들의 손이 흔들림을 보면서
한 떼의 바람이 흔들린다는 걸
또한 세상의 어디가 흔들린다는 걸 알겠네
하늘이 끝낸 푸른빛이면
오직 흔들리는 바다가 푸른빛이면
흔들리는 세상만큼이나
나도 함께 서서 흔들리다 보면
가슴이 푸른빛으로 닮아오는 걸 알겠네
모두가 쪽빛 바람이 되어 올 때
바람깃 속으로 흔들리면서
잔잔한 찻잔의 고요와 같은 마음의 고요
그런 아름답고 조용한 이유를 알겠네
더는 푸러지지 않는 가을 하늘
영원한 하늘빛을 이제야 알겠네

은행나무

이덕주*

한 줌 남은 햇빛을 야무지게 붙들고
고향집 언덕길에 버티고 선 은행나무
봄마다 제 몸 가르고 연두 잎 피워낸다

젖은 바람 젖은 햇빛 짙푸름에 쌓여 가면
떠나는 한여름이 가지에서 쉬어가고
갈바람 스치는 곳은 은행알로 여문다

가지마다 노오란 제 몸을 끌어안고
조용히 낡은 외투 벗어놓을 모양이다
한 생애 저문 흔적도 저 잎처럼 고왔으면

* 전남 곡성 출생

나무의 등
—영국사 은행나무

이덕주*

걸망을 걸친 금강의 바람에게
천지사방 흩어진 자식소식 듣겠다고
손발 흔들며 애원하더니
또 뭔 소식 들었을까?

해가 갈수록 몹쓸 소식만 듣는다고
곁에 아무도 들이지 않은 까닭
이제 그마저 괜한 일이라고
내가 너무 오래 살았다고

바람이 큰 소리 내어
나무의 울음 묻어주어도
그칠 수 없는 울음의 밤이
나무의 등에 멈춰있다

* 충남 논산 출생

용홍사의 풍경(風磬)

이미령

속세를 떠난 물고기는 용홍사로 갔다

대웅전 처마 밑에 가부좌 틀고 앉아

바람소리 새소리에 몸을 말린다

연악산 계곡물에 숨찬 세월의 생채기 씻어내리고

속뼈에 아로새기는 반야심경(般若心經)

허물로 채워진 속 비우고 비워

천상(天上)의 소리 혼을 울린다

새들의 목욕

이보숙

붉은오목눈이 직박구리 원앙새가
옹달샘에서 목욕을 한다
영하의 날씨에도 목욕을 한다
설이 돌아오니 그런가 보다
사람보다 더 깨끗해 보인다
거룩해 보인다
맑은 물속에 퐁당퐁당 몸을 담가
몇 번이고 온몸을 씻는다
비단결 깃털을 닦는다
그때마다 내가 행복하다
사람의 일보다 나를 더 행복하게 해준다
사진 같은 예쁜 모습을
몰래 자꾸 훔쳐본다

아내

이상렬

카멜리아 힐 동백 올레길에는
열아홉 개 테마길 따라
아름드리 정원을 이루고

시월의 동백은
꽃을 만나지 못하고
소담히 기다리는 봉오리에는
거센 바람만 매달린다.

표지석에 기대어
동백 꽃말*이 무어냐고
예쁘게 웃고 있는
당신의 사진을 찍습니다.

그래,
"당신만을 사랑합니다."

* 당신만을 사랑합니다

홍시

이상인

나이를 먹으며 익어간다는 것
마음을 안으로 삭히는 것
살아가면서 만나는
기쁨과 슬픔과 애처로움 같은 것들을
한데 버무리고 뭉쳐서 단맛을 내는 것
연륜이 쌓일수록
얼굴이 벌게지며 부끄러워할 줄 알고
어떤 세파에도 물렁물렁하게 대처하게 된다는 것
지상에 마지막 남은 등불처럼
오래 세상을 깜박인다는 것

천태산 편지

이상호

현관 앞에 은행나무 편지가 떨어졌다
한 눈금씩 동여맨 의미들이 허공에서
어둠 속 고해성사를 절절히 토해낸다

밤이면 샛노랗게 운다는 은행나무
고즈넉한 절집 분위기에 서럽게 물들고
노랑말 저녁 종소리 가지마다 웅웅댄다

뜨거웠던 언어를 오지게 덖어내던
캄캄한 잎 뒷면에 정적만이 잠길 때
저물녘 어둑한 지평선 무심히 무너지고

샛노랑말 떨구며 천년 시간 엎어보던
기억 뒤에 숨어있던 나이테 기억하는
저 많은 평온한 사색 편지로 보내왔군

빈집

이 선

기우뚱 기울어진 집 한 채

어림잡아 70년은 더 견뎠을
저 부실한 기둥

아직은 30도를 유지하며
반쯤 열린 문으로 드나드는 바람

숭숭 뚫린 뼛속 마디마디
서걱거리는 그리움

묵은 잡풀 속 빈집이다

봉선화

이순남

손끝에 흘러내리는 선홍 핏멍울
거문고 가락 애간장에 맺혀
꽃으로 피어났다

기나긴 겨울
손톱 물어뜯는 그리움에 이를 때
꽃물의 약속은 더욱 짙어가고

하늘을 이고
새겨둔 정절의 알갱이는
뿌리보다 깊어가고

드러내고 싶지 않은 속내는
그리움의 씨앗으로 영글어
바람 한 자락에
톡
터트리고 만다

슬픈 노래

이순영

오대동 앞뜰
경지정리 잘된 논둑에 뱀들 성하다.
갑장산 허리 끊어 상주 청원 간 고속도로 뚫리고
마을로 내려온 뱀들이 콘크리트벽 넘지 못해
산으로 가지 못하고,
동면하고 새끼를 쳤나 보다.
외로 똬리 틀고 갑장산 바라기를 하다가 하다가
허옇게 허물 벗고 이무기 되어 하늘에 올랐는가?
추수 끝낸 들에 허물 지천이다.
바람 스산하다.

진달래꽃

이순주

이 봄엔
공중에 찔러넣은 새 울음도 꽃이야요 한 소절씩 뽑혀져 나오는

울음을 삼켰죠, 허공이
잠시 열렸을, 찰나에
입을 다물어 꽃을 삼켰죠

만개한 벚꽃 그늘 아래 앉아
눈물이 나오도록 환한 봄 바라보다

봄 속으로
내가 사라졌어요

아주 깊은 겨울을 참았던 꽃이어서 날고 길 줄을 모르는 꽃이어서
고승처럼 침묵이 너무 깊은 꽃이어서

울음을 멈출 수가 없어요 그 울음

바람에 펄럭대기도 하면서 내가 다 지기 전엔

목젖 환히 보이도록 앙앙! 이 봄을 하냥 울어대는

나는 울음이야요

천태산 부스럼

이승진

갈 곳이 없는지…. 엉덩이 부스럼 편하게 오래 앉아있다. 몸에 부스럼이 나면 약을 바르지 않고 그냥 그대로 둔다. 내 몸도 36.5의 온도와 붉은 습기가 있고 산 좋고 물 좋은 곳이라 부스럼이 생긴다. 바라보기 뭐하지만 긁지 않고 그대로 둔다. 거기 그대로 살아라며….

천태산 영국사 아래 벌통사 보았다. 영국사에게는 벌통이 부스럼이다. 슬쩍 긁어버리고 싶었지만 그냥 두고 왔다. 벌통이 앉아있기 편한 모양이다. 산 좋고 물 좋고 꽃 좋은 천태산. 어? 은행나무도 퍽 오래 앉아있다. 영국사도 아직 내려가지 않고 앉아있다. 편한 모양이다. 긁지 않고 모른 척 그냥 내려왔다. 거기 그대로 살아라며….

천태산! 은행 똥 똑똑 떨어지는 가을을 바닥에 대고 앉기는 조금 불편하지?

천태산 은행나무님께

이승철

태초에 그는 세상을 향해 울부짖는 무한질주의
바람이고자 했다 아니, 광야마다 퍼질러 앉아
세상 온갖 잡것들 포옹하고 싶었는지도 모른다
그러다가 뭇 인간들 발길 속에 나동그라질망정
덧없는 시간 속에 영혼을 갈무리한 돌멩이 되어
그날도 뺏센 슬픔의 구렁 속에 쳇바퀴 돌고 있는
상처뿐인, 기다림뿐인 그 인간들 가슴팍 곁으로
사뿐, 내리꽂히던 황금빛 울음이고 싶었을 거다

누가 와서, 불타는 생살의 그리움들을 보아다오
이 가을에 남부여대 어디론가 길 떠나는 식구들을
훔쳐보다가 때론 피어린 생살 몇 장씩 떨궈내며
스스로의 육신에서 일탈한 긴긴 기다림 저 너머
끝내 한 몸이고자 가멸찬 눈빛으로 달아오른 몸짓
샛노란 눈망울에 너울너울 소리쳐 오던 그 마음과
막막한 세상을 내치던 한 자락 목소리를 껴안아다오

비뚤어진 속세 위로 직립으로 곧추선 그대 슬픔이야
아무렴, 누구라도 한 번쯤은 기억하고 있을 거외다
세상을 향해 두 팔 벌려 용솟음치던 그대 헌신과
진저리치듯 못난 이승을 향해 두 팔 오므리던 내가
끝없이 마주쳐야 했던, 허망한 날들의 불협화음들아
그리움이 끝장난 산모롱이 외진 언덕길에서 그대는
오늘도 울울창창하게, 다만 한 마리 짐승으로
사그라지지 않기 위하여 끝없이 너울져오고 있다

벌목

이승하

30년은 족히 자란 나무들을
마구 베어낸 숲
숲이 민둥산이 된다
밑둥치만 남아있는 나무들이
자신의 나이를 알려준다
이건 나무에 대한 예의가 아니다

시민을 위한 공원이 만들어진다

노란빛에 물들다

이애란

천태산 영국사에 은행나무 시제가 있대요. 노란 소문은 직접 보고 싶어요. 시인도 악사도 구경꾼도 고사상 위로 해맑은 기운을 올려보네요. 하얀 잔치국수를 말아먹은 입들이 천 년의 구름을 안고 나이테를 돌고 돌아온 노란 잎들을 풀어놓아요. 은행나무는 긴 팔로 사람들의 그늘진 어깨를 도닥이다 굵은 은행을 제판 위로 던져주어요. '나무는 영검하다' 며 칭송들 늘어져요. 은행나무는 걸걸한 목구멍 속으로 막걸리 한 사발 들이켜요. 상석에 올라앉아 절을 받는 고사장 돼지머리 귀에 걸린 입꼬리는 죽어서도 좋은가 봐요. 은행나무가 견뎌온 인고의 세월이 세상을 밝히는 등불이 되리라는 노란 축문, 그 빛에 물들어 내가 가고 있는 이 길이 아프고도 환하네요.

두타산입술대고등아재비달팽이

이애리

내 별호가 혹은 호명되는 이름이
이렇게 길 거라고는 짐작하지 못했다
아버지는 이름이 더 길어질 수 있다고 했다
내가 태어난 근황과 이름을 작명해서
아버지와 가까이 지내는 두타산 정상에 사는
얼레지꽃에게만 슬쩍 귀띔했을 뿐
삼화동주민센터에 출생신고는 별달리 하지 않았다
아버지가 두타산 무릉계곡 학소대
선녀탕을 지나, 용추폭포라는 작명가 집에서
한나절 고민해 지어온 내 이름,
"두타산청옥산백복령이기령무릉계곡소비천골
달방댐신흥리서학골입술대고등아재비달팽이" 라고

호랑가시나무

이영식

바위에 칼을 갈고 있었다
아니, 칼날 숫돌 삼아 바위를 갈고 있었다

갈면 갈수록 무뎌지는 칼날
갈면 갈수록 날을 세우는 바위

바윗돌 갈아 거울을 빚어내려는
바람이 있었다

수수만년의 고독,

잎을 갈아 호랑이 발톱을 짓고 있는
가시나무 아래서였다

포도넝쿨 아래 서면

이영혜

왜 내 젖이 찡해지는지 몰라
영동 학산 산비탈 포도밭
넝쿨마다 휘늘어진 송이 송이에 손끝을 대니
왜 막내동생 젖 먹이던 젊은 엄마
탱탱해진 젖이 떠오르나 몰라
넝쿨손처럼 핏줄 선 젖무덤
포도알 빛 젖꼭지에서
아기 입안으로 흘러들던 엄마의 진액
그 오래된 기억 속의 즙이
왜 내 입안에 자꾸만 고이는지 몰라
부끄러워 커다란 이파리로 하늘을 가리고
아래로 늘어진 장엄한 저 포도엄마 행렬!
뿌리에서부터 꿈틀꿈틀 휘감아 오른 줄기줄기들
그 핏줄로 달디단 젖 뻗쳐 올라와
하얀 분 배어나오는 먹빛 열매에 입술을 대면
내 마른 유선에도 다시 젖이 도는지
왜 이리 아랫배부터 점점 뜨거워지나 몰라
초가을 포도넝쿨 아래 서면
왜 이리 푹푹 엄마의 단내가 나서
나, 축축하게 부푸는지 몰라

달팽이

이원규

처사님, 여여하시지요?

임대차계약서 같은 거 없어도
당당한
감나무 한 그루
그 아래
부동산 전무의 처사님

습하고 습한 곳만을 찾아서
또 어디를 가시는지

어쩐지 낯이 익다 했습니다

봄날은 간다

이위발

차지도 덥지도 않은 적당한 두께의 나른함을 덮고
깊지도 얕지도 않은 적당한 술잔에 애틋함을 담아

가랑비가 솔솔 내리듯
여인이 나풀나풀 움직이듯
취중은 장자인지 나비인지 모를
몽롱한 꿈을 꾸듯

사람이 사람에게로 가는

삶은 달걀이라고?

이은봉

삶은 달걀이라고? 아니
삶은 계란이라고? 아니
부화될 수 없는 생(生)이로군
깨고 나올 수 없는 꿈이로군
그렇지 삶은 알이지
그렇게 생각한 적 있지
깨고 나와야 할 알이지
그렇게 괴로워한 적 있지
난생은 슬프지? 아니
난생은 아프지? 아니
삶이 계란이면 좋겠지
삶은 달걀이면 좋겠지
껍질을 까 소금에 찍어먹으며
버틸 수 있으니까
버틸수록 아픈 것이 삶이지
그렇지 삶은 고통이지

벚꽃 편지

이인숙

내 가거든
부인사
벚꽃 눈처럼
깔려있는 바위 위에
부디 혼자 와서
한참을 내 생각해주렴
한시절을 사랑해서
행복했던 그 세월이
봄 햇살처럼 따뜻했노라고
분홍 꿈으로 가득했노라고
행여 아직도
남은 벚꽃 후르르 떨어져
어깨에 닿으면
헤어져 보지 못한
나인 양 털어내지 말고
한참은 있어주어라고

건들건들

이재무

꽃한테 농이나 걸며 살면 어떤가

움켜쥔 것 놓아야 새것 잡을 수 있지

빈손이라야 건들건들 놀 수 있지

암팡지고 꾀바르게 사느라

웃음 배웅한 뒤 그늘 깊어진 얼굴들아,

경전 따위 율법 따위 침이나 뱉어주고

가볍고 시원하게 간들간들 근들근들

영혼 곳간에 쟁인 시간의 낱알

한 톨 두 톨 빼먹으며 살면 어떤가

해종일 가지나 희롱하는 바람같이

슬픈 과녁

이정원

비 그친 사이
고추잠자리 한 쌍 옥상 위를 빙빙 돌고 있다
두 마리가 하나로 포개져 있다

누가 누구를 업는다는 거
업고 업히는 사이라는 거

오늘은 왠지 아찔한 저 체위가 엄숙해서 슬프다

서로가 서로에게 서러운 과녁으로 꽂혀서
맞물린 몸 풀지 못하고
땅에 닿을 듯 말듯 스치며 나는 임계선 어디쯤

문득 삶과 죽음의 갈림길이 있다
앉는 곳이 곧 무덤일
질주의 끝이 곧 휴식일 어느 산란처

죽은 날개는 너무 투명해서 내생까지 환히 들여다보인다

뼈가 보일 때

이주언

꽃 지고
잎 다 진, 겨울의 몸

나무의 뼈들을 바라본다

골골— 보일러 돌지 않는 집처럼
얇은 햇살 귀퉁이에 어깨를 뉘고

걱정마라 내사 괘얀타마
삭정이 같은 두 발로 아랫목 더듬는 사람들

생을 지탱시킨 힘
제 살 다 내어준 뒤에야 드러난다

아버지의 일기장

이주희

잎사귀 떨어진 담벼락
점점이 까맣다
한때 여름이다가 붉어진 담쟁이덩굴
벋어나간 발자국이다

올라가야 할 벽은
한 발짝 떼고 돌아보면 아득한 벼랑이었다

뜨거운 태양도 견디고
바람의 해찰도 안간힘으로 버텼다
선선히 부착근을 받아주지 않는 벽은
빙벽보다 단단했지만
뿌리를 박았다

담벼락에 까만 잉크가 찍혀있다

숫눈 위의 발자국처럼
한 줄기 바람에도 날릴 것 같다

낙과

이지호

다정한 이파리 사이사이
한때 햇볕을 가득 담은 열매가 있었던 자리
빈 가지가 쓸쓸히 가을로 가고 있다
채 익기도 전에 떨어진 열매
제 할 일을 하지 못한 가지는 자주 체증에 걸렸다
물관 체관이 막혀도 소리를 내지 못하는 빈 가지
허공만이 빈 몸을 받아준다

나에게서 떨어진 열매
가지를 떠난 열매는 어디에서 익고 있을까
바늘로 손을 따는 날들이 더해져
붉은 문장을 새기는 시간들
빈 몸이 내는 소리는 귀로 들리지 않았다
공허한 몸에 드나드는 것은 부질없는 바람의 언어뿐
가을이 빈 가지를 쓸쓸히 흔들고 있다

한강

이채민

보이지 않는 바람에 왜 가슴을 베었는지

그대 옆에 서 보면 안다

화해를 모르는 물과 불의 부끄러운 상처도

그대 앞에서는 가만히 웃고 만다

누추하고 불안한 목숨들이 무성해질 때

부르지 않아도 그대는 나를 어루만지고

거추장스러운 그리움이

울음을 불러 모을 때도

대신 까무러치고 까무러치며

내 몫의 슬픔을 지고 가는 그대

내 몸에도 밝기가 있다면

이해리

가을 은행나무 서 있는 곳은 어디나 환해서
사람이 그리웠습니다
사랑한다 사랑한다 노래하는 사람이 아니라
곁에 서 있기만 해도 내 얼굴 환하게 하는 사람
그런 사람과 천태산 은행 둘레를 싸르락싸르락
돌아보고 싶습니다
잎잎이 물든 대지도 한번 올려다보고
푹신푹신 내려 쌓인 하늘도 한번 내려다보며
톨스토이나 헤밍웨이의 낡은 서재
램프불 같은 은행잎 주워들어 우리들 금빛
사색도 비춰보고 싶습니다
내 몸에도 밝기가 있다면 꼭 그만큼의 밝기로
당신 곁에 켜지고 싶습니다

영국사의 은행나무 1

이현실

노란 치맛자락 펄럭이며
할머니 걸어오시네

세상 저 끝에선
황홀한 다산의 축포
황금빛 열매 등에 업고
둥개둥개 춤을 추네
두 팔 벌려 하늘을 안고
빗물 뚝뚝 듣는 잎사귀 소리 들으며
펄럭이는 빛살무늬마다
사랑 물들이며 사노라니
오매야, 할머니의 어머니
어머니의 어머니는
벌써 나이가 천 살이구나

저기 천년 사랑 펄럭이며
할머니 걸어오시네

나무들의 나라로 간다네

이현채

연꽃과 잉어는
흙탕물에서 잘 자라는데

도시의 흙탕물에서 나는
살 수 없어

하루에 한 번씩
나무들의 나라로 간다네

나무들의 나라에서

나를 비우고
철학을 배운다네

새들의 울음소리를 번안하고
꽃들의 전설을 번역한다네

나의 불안을
돌탑으로 쌓는다네

3초 튤립

이혜미

아무도 눈치채지 못했다
그녀 자신조차도

아주 잠시 동안 그녀는 완벽했다
새의 입속처럼 붉게 젖었다

그녀는 튤립이 된 줄도 모르고
노란 꽃술을 머리에 얹은 채
터질 듯 아름다웠다
섬광이 비쳤다

신맛을 생각할 때처럼
곧 전혀 다른 것이 밀려들어와
빛을 덮었다

목련나무 신발

이혜순

한철 허공을 딛던 목련나무 신발들
헐거워져 바닥으로 떨어진다
맨발로 달려온 바람이
몇 번을 신었다 벗었다 금세 바닥이 까맣다

바람이 제 발보다 큰 신을 신겨
아이를 대문 밖으로 불러냈다
이제 막 날갯짓을 배우는 새끼종달새처럼
나풀나풀 흔들리는 두 팔이 나비를 닮았다
길가에 피어있는 민들레꽃 냉이꽃이
아이의 걸음을 끌어당긴다
봄볕 같은 눈길로 바라보던 어미가 잠깐 한눈파는 사이,
달려오던 봄이 아이를 덮치고 지나갔다
하르르 꽃비가 떨어지고 아이의 모습이 보이지 않는다
화들짝 놀라 달려나간 길 위에
신발만 꽃잎처럼 뒹굴고 있다
저만큼 모퉁이 뒤로 꼬리를 감추는 자동차

그날, 봄이 어미의 가슴을 딛고 지나간 뒤
깊이 박힌 발자국 두 개, 영영 지워지지 않았다

신발을 다 벗어버린 목련나무가
한껏 다리를 뻗는다
푸른 뒤꿈치가 햇빛에 반질거린다

강을 건너간다

이화영

두 나비가 강 이쪽에서 노닐다가
한 마리가 강을 건너간다

강(江)은 이별의 긴 틈이다
이별은 아주 멀어져야 아름다운 법
등을 돌려 강을 건너는 나비의 눈이 젖어있다면
강은 더 격렬하게 안개를 피워 이별을 감춰주리라
그리하여 오늘 밤 강에 내려와
더 젖어드는 물별은 이별의 사생아
기억을 모르는 나비가 별이 된다 했다
넘치는 기억을 털어내려고 그의 날갯짓은 숨이 가쁠 터
내가 꽃일 때 소리 없이 날아와
여린 입술을 묻고 고충을 털어놓던,
이별을 예감하며 격렬했던,
그 나비가 흘리고 간 노래 한 소절
차갑게 굳어버린 심장을 깨뜨리며 흘러간다
팔랑,

비행운을 필사하는 새들의 오후

이희섭

허공을 지우려고 새들은 밑줄을 그으며 날아간다 지나간 자리마다 하얀 상처로 하늘을 재단한다 바닥에서 올려다본 하늘, 세상의 모든 비밀들이 밑줄 아래에서 도드라진다 탯줄처럼 이어진 경계에서 함부로 잘려나간 말들이 속내를 드러내고 있다 고독한 말들을 구겨서 입에 물고 밑줄 너머로 놓아버린다 구름의 책갈피 속에 누군가를 스치고 지난 문장들이 밑줄로 남고 새들은 울음 묻은 구름을 부지런히 물어나른다 밑이라는 말에 줄을 그어주고 싶은 날 지워진 자리를 메꾸기 위해 새들은 몸을 비워가며 소리의 영토를 만든다

밑줄 친 내 영혼은 얼마나 더 선명해졌을까

은행나무의 가을

임동윤

저 아득히 높은 위치에서
몸 무거운 것들이 후르르 몸 비우고 있다
청량한 바람과 햇살을 낱낱이 비워낸다
가둬둘 수 없는 빛깔과 무게를 비워낸다
아주 낮은 곳으로 자꾸 환한 곳으로

눈 아득한 저 허공 끝을 보면
올망졸망 매달렸던 솜털들이 보인다
온통 환하고 유난히 선명했던 연둣빛 둘레
텃새들의 조잘거림이 빗소리에 씻겨가던
눈곱만한 몸들이 녹색 물결로 타오르던
눈부셨던 부챗살 파동도 확연히 드러나 보인다

비바람 무던히 꽃은 피고 졌다
마른번개와 천둥 속에서 서로 훈훈하라고
여기저기 떨어진 것들이
아낌없이 몸 비우며 무게를 비워내고 있다
썩어서 한 줌 부엽토로 돌아가고 있다

노랑 입김 호호 불어

임명규

질풍노도 천 년의 세월 어제나 오늘이나
하늘의 소리를 들어 땅에 전하고
땅의 소망을 들어 하늘로 올리네.

날개가 부러져 날지 못한 새들의 눈물로 울었네.
흐르지 못해 발버둥치는 강물의 신음으로 통곡했네.
봄이 되어도 피지 못한 꽃봉오리들의 얼룩진 상처에
살점이 으르르 짓물러
늙은이 갈비뼈가 튀어나와 땅에 처박으니
하늘이 감동하여 새 생명으로 한 핏줄 되게 했네.

그대 하늘만큼 높아도 낮은 곳에 있네.
그대 바다만큼 넓어도 농부의 땀 한 방울조차 가슴에 담았네.
한 포기 풀이라도 가리지 않으려고
자꾸 자꾸 몸 비트니 오장육부 어느 한곳 성한 데가 없네.

겨울이 오면 더 추워 산비한 여린 중생들도
염불을 하면 모두 친연(親緣)이니
화조풍월(花鳥風月) 천태산을 서로 손잡고 오르듯
무르익은 가을 노래 함께 부르라고
한여름 땡볕에서 온몸으로 쓴 '인류평화' 라는 메시지
노랑 입김 호호 불어 멀리멀리 보내고 있네.

나비의 집

임미리

햇살의 손길이 지나가는 자리
황금빛으로 익어가는 시간이다.
그곳엔 나비가 살고 있는 집이 있다.
창문을 열고 가만히 손을 내민다.
손끝에 닿는 부드러운 촉감
투명수채화처럼 몸속으로 스며들자
나비들의 속살 노랗게 반짝인다.
바람 부는 날, 집을 떠날 채비를 한다.
너에게로 가고 싶은 마음의 자리
석탑처럼 층층이 쌓아놓은 것이다.
바람 부는 날엔 날갯짓을 배운다.
딱딱한 번데기를 버리고 세상에 나와
젖은 날개를 햇살에 눈부시게 말린다.
연한 날개를 환하게 펼쳐 보인다.
무량의 햇살을 받아먹으며 자란
노란 나비떼들, 하늘로 날아오른다.
푸른 시간의 내력을 견딘 천 년의 시간
은행나무는 나비의 노란 집이다.

슬픈 들길

임 석

노란 은행잎이 왠지 슬프네요
시간에 떨고 있는 그대 모습이
늦가을 차가운 비는 종일 슬픔을 끌고 와서
어디론가 말없이 떠나버리곤 하네요

햇살은 비구름에 밀려 어둠을 불러오지만
밤은 달빛을 불러 작은 사랑을 속삭이지요

시간은 소리 없이 저 산 너머 가고 있는데
나는 은행잎 떨어지는 모습만 쳐다보네요
천태산 바람은 계절에 따라 속도가 달라지고
어느덧 시간에 쫓긴 낙엽이 쓸쓸히
들길 위에 주저앉네요

여여산방(如如山房)
—양문규 시인이 거처하는 산방에서

임영석

천태산 은행나무 그림자 벗 삼아서
귀뚜라미 울음까지 손님으로 받아주며
세상껏 바라본 죄를 용서하는 고요여.

사람이 천년 세월 옮기지 못하지만
은행잎 피고 지는 그 찰나가 천년이라
내가 본 은행나무가 여여산방(如如山房)의 주인 같다.

무릇 시는 삶과 함께 자라고 묻히는데
울타리 없는 집은 그 누가 주인인가
달빛에 여여산방(如如山房)은 침묵의 길만 끌고 온다.

가을은

임형신

가는 귀 먹은 방씨 할아버지네 마당 어치 등에서 놀고 있다

집총 거부하다 옥살이 하고 나온 안식일교도의 아가서 위에 오래오래 엎드려 있다

깨어진 블록 담 틈새에 핀 깨꽃의 얼굴에서 땀 훔치고 있다

건초더미를 씹고 있는 염소 뿔에 가을은 걸려있다 뿔에 받힌 안개가 나직이 울고 있다

백일기도를 끝낸 박수무당의 작두날에서 푸른 호흡을 가다듬고 있다

석포역에 잠시 머물다 동점역으로 가는 영동선(嶺東線)의 가을은

종소리 한 잎

장상관

영국사 입구에는 범종이 되어버린 고목이 있다 큰 울음으로 재앙을 알렸다는 전설을 품고 천 년이 넘게 서서 종소리에 골고루 햇살을 찍어 바르는 은행나무가 있다

나비 날개 같고 황금 부채 같은 소리 살결을 만지면 금빛 바람이 건너와 삭신에 쌓인 먼지 털어내고 잘 마른 볕 한 장 가만가만 핏속으로 날아든다

맥놀이가 뭇 가슴을 열어젖혀 아망스러운 우울을 달래는가 하면 말랑말랑한 소리가 데워놓은 온기가 혓바닥이 덧낸 생채기까지 핥는다

눈부처까지 노랗게 물들여놓은 종소리에 휩싸여 바람이 머물다 간 소리 한 잎 쥐어보면 은행나무 범종이 밟아온 축축한 뒤안길이 저릿하다

거미의 비행

장수라

그가 태어난 곳은 공항 근처 작은 숲
처음 눈을 뜨던 날
비행기를 보고 가슴이 무척 뛰었다지
…나도 저렇게 날 수 있으리라…
나비도 보았지만
비행기가 첫사랑이었다지
…바람 부는 날 높은 곳으로 올라가거라…
엄마의 말을 기억하는 걸 잊지 않았지
공중으로 떠올랐지만 모두가 날 수 있는 건 아니었어
당신을 지탱해주던 거미줄마저 휘어져 있었다지
눈이 여덟 개나 되었지만
첫사랑에 이미 눈멀고
먼 바다도 단숨에 건너던 그 총총한 눈빛도 흐릿해졌지
이젠 나마저 모른다 하지
바람이 불면 여전히 정처없는 당신
날마다 조금씩 조금씩 자라날 날개를 위해
천천히 몸을 일으켜 세우지

국수를 먹으며

장용철

한 젓가락 국수를 말아들면
하얗게 엉킨
내 식욕의 뿌리가 보인다.

소나기를 맞으며 식구들끼리 다랑논에 모여 모내기를 할 때, 비닐을 덮어 어머니가 이고 나온 점심은 국수였다. 수양버들 아래 오부자 쪼그리고 앉아 점심을 먹는데 낙숫물에 눈썹이 무겁고 빗물 들어 흥건한 밥그릇은 어느새 논바닥이었다. 어린 형제들 둥둥 뜨는 국수가락 잡지 못해 바둥대는데, 아버지 싱긋이 웃으며 주르르 빗물을 따뤄내곤 고추장 풀어 휘휘 저으셨다. 내가 먼저 슬그머니 고추장 그릇을 끌어당기자 쳐다보기만 하던 동생들도 다투어 어깨를 기울여 빗물에 간을 맞추기 시작했다. 그러자 그때까지 잠잠하던 개구리소리 사방에서 후르륵거리며 햇살 반짝여 날아오고, 때 아닌 무지개 먼 산 너머 샘터로 활을 휘었다.

눈부신 산란

장이엽

닭장 실은 차가 지나간다.
깃털이 날리고
냄새가 고약했다.
털 빠진 모가지 위로
희번덕대는 붉은 눈알들이
허공으로 끌려가는데
층층층 높이도 쌓아올린
쇠창살 사이
구석 군데군데에
가만히 모셔놓은 하얀 알들.
눈부신 산란이다.
죽음보다 무서운 속삭임이다.
애틋하기도 하여라.
웅크려 앉아
기어이 알을 품고 있는
엄마 닭도 보였다.

비행운 그리기

장지성

한 점 티도 없는 어느 날 가을 창공
청명이 하 고요해 화폭을 펼치고서
두어 점 묵난을 치며 삼매경에 젖는 거야.

어디 구름 없는 하늘이 하늘이랴
그 여백 구도 잡아 곡예 펼친 편대들이
먼 상념 밑줄을 그며 소실점을 찍는 거야.

설핏 해거름이 발묵으로 빗금 치는
기우뚱 세월의 잔영, 중천에 걸어놓고
어느 결 낮달이 와서 낙관으로 돋는 거야.

갈등, 꽃 피다

장현숙

등나무 가지가 서로를 가로질러 뻗어있다
하늘을 향해 발을 내딛고 싶었을 것이지만
서로가 서로의 길을 막은 채
얽혀야 하는 것이 숙명인 양
빽빽하게 틈도 없이 동굴을 이루고 있다
저 가지들 서로를 등지고
얼마나 많은 시간을 건너왔을까
어디가 시작이고 어디가 끝인지
알 수 없는 얽힘의 연속들
실타래가 엉키듯 영원히 풀릴 것 같지 않다
복잡하게 지나간 시간들을
일기장을 보듯 툭툭 넘겨보는 것인데
가만히 보니
가지가 맞닿은 곳이 움푹 파여있다
수없이 부딪혀 덧난 상처가
이제는 아물어 굴곡의 무늬가 되어있다
멍들고 찢어지고
반복되었을 갈등의 자리에 피어난 환한 자국
그 자국 위로 서로의 가지를 받쳐주고 있다

끝에는 보라색 꽃이 향기를 뿜어내고 있다

은행나무 끙끙

전건호

천태산에 와서 천태산의 끝을 바라본다

오고 가는 길이 온통 구려도 가을은 가을이어서 황금빛인가

메주덩어리거나 숯검댕이 된 마음 망탑봉 지나

천년 은행나무 곁을 끙끙 거닐 때면

지상의 살아있는 모든 것들은 둥글게 익어간다

큰 사랑은 그 독한 구린내를 삭히고서야 찾아오는 거라고,

땅바닥에 주르르르르 말씀 없는 법문 펼쳐놓는다

형상의 교접

전서린

후두둑 장맛비에 안개가 일어선다
산을 연 안개의 속살은 환하다
더운 것들의 변심에서 그늘로 든 안개
참았던 장대비 퍼부어대는 날이면
숨은 몸을 일으켜 어린아이처럼 옷을 벗는다
푸른 살을 푼 안개를 품고 비는 그칠 줄 모른다
산 밖의 몸에서 푸르고 시린 것들이
한 가슴이 다 열려 해질 때까지
심중의 푸른빛을 흘려보낸다
하늘 문이 서서히 닫힐 때
안개는 나무 뿌리에 씨앗을 심어놓고
가장 깊은 바닥으로 고인다
나무는 안개를 키우느라
시린 몸으로 더운 것들을 받아낸다
서늘할수록 안개는 자란다

우리 모두 꽃이다

전 숙

갓 피어난 장미꽃은 보름달이다

닳고 닳은 세월에 굴뚝까지 절뚝거리는 굴뚝새도
귀향길 교통사고에 아랫도리 이지러진 청노루도
느닷없는 돌팍길에 벌러덩 넘어진 신용불량 이팝나무도
낭떠러지처럼 하늘이 캄캄한 치매할미꽃도
그리고 묵정밭의 흐드러진 웃음바다 몽골리즘의 개망초도

우리 모두 꽃이다
우리 모두 꽃이다

그믐달처럼
초승달처럼

아리따운 영혼이

아픈 그늘에 가려져 있을 뿐이다
아픈 그늘에 가려져 있을 뿐이다

우리 모두 꽃이다

밥

전순영

쌀이 백도로 끓어야

밥이 되듯

고통이 백도로 끓을 때

내

영혼의 밥이 된다

별 굽는 나무

전장석

나무에게 물었다
내 다음 생(生)이 어디냐고

나중에야 알았다
나무는 대답하지 않았으나
내가 어느새 숲길을 따라 걷고 있음을

대한민국 모든 시인에게 물었다
전생(前生)이 무엇이었냐고

시인은 대답하지 않았으나
그 숲길 더 걷다 보면
세상의 모든 근심 노랗게 활활 불 질러
ㄱ, ㄴ, ㄷ, ㄹ, ㅁ, ㅂ, ㅅ, ㅇ
별을 굽는 나무들

전생(前生)이 무엇이었냐고 더는 묻지 않았다

가을 산

전태익

흐르는 강물에
잠긴 가을 산

단풍 너무 고와
가던 길 멈추고

잠시 차 세워
기대선 난간

조용히 다가선
등 뒤의 얼굴

돌아보니 낮달만
핼쓱하여라

흐르는 강물에
잠긴 가을 산

산나리꽃

정가일

나리꽃 산나리꽃이
마당 한 귀퉁이에 까만 씨알을 달고 섰다
탱글탱글한 씨알이 땅으로 떨어진 날
어김없이 장마가 졌다
하늘은 올려다보기 좋을 만큼 밝았다
몇날 며칠을
기왓장 골로 빗물이 떨어졌다

그랬었다 산 중턱에서 씨알 하나를 집어 들었을 때
몇 가닥 하얀 뿌리가 보였었다

그것이 지금
빗방울 하나에 씨알 하나 떨어져 뿌리를 내리고
바람 한 점에 씨알 하나 떨어져 뿌리를 내린다
호랑이무늬를 가져
호랑이꽃이라 불리기도 하는 것이
장마가 지고 나면
새까만 새끼들 온 동네 가득하겠다

다비(茶毘)

정경진

등 따시고 배부른 팔베개하고
담 너머 누군가 울컥이며
부르는 소리 아랑곳없이
볕 좋은 날 꺾어진 국화꽃
한 아름 보듬고 누워가리

하늘로 길길이 떠오르는 건지
땅으로 폭삭 꺼져버리는 건지
두 다리 걷어붙이고 살 찌운
이슬 한 사발 마시고

푸석푸석 잿빛 더미에 잠긴
여민 옷매무새
나무지장보살마하살 나무지장보살마하살
박수소리와 함께 떠나가리

마흔세 번째 가을

정동재

한 해 동안 잠재운 바람을 데리고 갔다
뜨거웠던 태양의 체온마저 식지 못한다
매미 베짱이 풀벌레소리마저 숨어들었다
감자밭 일구던 유성댁 구슬땀도
막걸리 한 사발에 드러누웠던 샛별이 아빠의 그늘도
모두 씨앗 속으로 들어가버렸다
봄에 싹 트는 게 어디 한둘이고
가을이 되면 떨어져 버리는 낙엽이 어디 한둘인가
천만 번을 태어나도 다시 들어가는
어쩌면 생겨난 우주도 익어가는 씨앗이다
어김이 없다 여기 우르르 노랑 낙엽이 진다
노랑말들이 황금마차를 타고 궛전을 맴돈다
천년 세월의 머리를 어루만지는 동안
은행은 우주의 저축입니다 노랑말을 쏟아내는 유성들
마흔셋 나이 깜박 황금비율에 들게 한다
어머니 뱃속 한 톨 씨앗으로 시작된 나는
몸뚱이 안에 또 다른 나는 세상 아무 데나 머리 두지 않았습니다
그렇습니다 인생은 축복입니다 저축입니다
체온조차도 식지 못합니다
다시 나의 옷깃 여며주는 마흔세 번째 가을

영국사 천년 은행나무

정목일

묻지 말아야 한다. 천 년의 말을 피워내고 있는 것이 어찌 신비가 아니랴. 천 년의 말들이 침묵 속에서 툭툭 불거져 나온다. 천 년의 침묵 속에 터져 나온 말이어선지 보드레한 연록은 향유를 바른 듯 윤기가 흐른다. 바로 나무 화엄이 아닐까. 천 년의 움을 피워서 다시 태어나는 거목의 부활을 본다. 이런 모습 앞에서 경이나 찬미와 같은 언어는 경망스럽다. 천 년을 한곳에 서서 끄떡도 하지 않고 해마다 움을 피우다니, 살아있는 부처가 아니면 어림없는 일이다.

영국사 은행나무

정선희

너는
백년 전에도 은행나무
천년 전에도 은행나무

귀 막고
눈 막고
살아온 세월
가지 끝 매달린 잎새만큼이나 될까?

이 땅에 있는 중생들
다 구하기 전에는 떠나지 않을 거야

온몸에 굳은살 배기도록
바람 앞에 오체투지하다 보면
사리로 쏟아지는 햇살

징글징글한 화두를
가지마다 매달고
우듬지를 비워내는
저……

산소발자국

정숙자

나무만큼만 서 있다 가자
나무만큼만 그림자 눕었다 가자
나무만큼만 가지 뻗고 열매 맺고 새소리 품었다 가자
나무만큼만 태양 우러러 이슬방울 서 말 닷 말 쏘아 올리다 가자
나무만큼만 이 세상을 마시고 이 세상에게 산소 먹이다 가자
나무만큼만 바람에게 말 걸다 가자

프랑스를 바이칼호수를 타클라마칸을 이태리를 이집트를
밟아보지 못함은 나무 탓 아니므로
항하사의 지느러미와 무량대수 깃털을 지녔으나
제자리 서서 바라볼 수밖에 없음은 나무 탓 아니므로

나무만큼만, 무엇이든 나무만큼만 그렇게 힘껏 푸르게 붉게

하루를 살면 이틀이 채워지는
이틀을 살면 사흘이 깊어지는
언덕 위 나무만큼만 훨훨훨 버리고 가자

나무만큼만 별빛을 모으다 가자
나무만큼만 새아침 깨우고 가자
나무만큼만, 나무만큼만 둥근 기둥의 나무만큼만

어떤 쾌락

정시마

박물관 허리가 푹 패여 든 오후
제1전시장 간이의자
두 입 활짝 열어둔 부부가 나란히 앉아 졸고 있다
축대가 무너질 듯 몸은 좌우 방향을 탄다
오십 년 같은 밥 먹고 잠든 흙으로 빚은 얼굴
눈물 땀 오줌조차 같은 색일 것 같다
한참을 졸다 볼살 흔들어 깨어나 비단벌레에 눈 맞춘다
다시 눈 감자 고개 뒤로 젖힌 입속으로 환하다
일천 마리 비단 빛 날개 타고 황남대총 열어보이는 속
여보, 시작하는 편지글 목젖에서 부스럭대고
국새를 사용할 문서 같은 말들 소곤거려
푹 꺼진 입가 살포시 함께 웃는다
숨 들이마시다 멈추는 듯 조각조각 철사로 엮어놓은 토기 두 점
몸은 깨어질 듯 깊은 잠은
입속 고여 드는 침들을 흘러내린다
감쪽같이 동시에 두 눈 화들짝 뜨고
아무도 몰래
머리 위로 생화는 하얗게 피었다 졌다
낙엽 같은 누런 이빨을 떨어뜨린다
얼룩진 감물로 옷 입은 그 부부 다시
눈꼬리 흘러내리는 수면에 빠져든다
입속 천장으로 오랜 침묵 열어두고
어울무덤에 들어갈 두 심장을 의자에 내려놓는다

별똥별

정안면

그대를 향한
나의 그리움이 하도 사무쳐

오늘 밤
수천, 수만의 사연이 되어
내 마음 깊은 곳
별꽃 송이송이로 떨어지고 있습니다
눈물꽃 방울방울로 맺혀
서러운 별똥별로

오늘 밤
내 마음에 쏟아지고 있습니다

늦재

정영주

막 앉았다 간 그늘 한 점이
돌에 묻어있다
흐르는 문양이 단단하게 박혀있다가 놀란다
발에 차이는 것들 속엔
숨찬 마음 하나씩 숨어있는지
발가락이 잠깐 흐려지는 걸 보면
구르는 돌도 번쩍 치켜뜨는 아픈 눈이 있나 보다
얼마를 올라야 다 오르는 거냐고
산에게 채근하지만
구름그림자에 섞여 더욱 붉어지는
단풍나무 잎새만 분분할 뿐
산도 멀고 하늘도 멀다
새끼 능선이 아래로 아래로 밟히다가
눈썹 아래서 더욱 붉어지는 가을
목까지 차오르는 설움이 있다면 아마
산에게나 먹여야 할 거라고 혼잣말을 뱉는다
발바닥도 단풍이 들려는지 먹먹히 뜨거워지고
아직도 먼 능선하나 턱까지 바짝 끌어다놓고
나는 짐승처럼 댓거리한다
발걸음과 발걸음 사이 그 틈새를 잇고 가는
산 계단이 얼마나 가파른 절망인지를
산이 내게는 아직도 멀다

소리 수용소

정용화

당신은 수평선을 구부려
제 몸을 만든 폐선
낡은 창문마다 침묵이 번식한다

수십 번의 물길을 밀어내고서야
비로소 분명해지는 당신
오래전에 멈춰버린 레코드판처럼
당신 눈동자에는 탈출하지 못한 소리들이 산다

갯벌에는 누가 묻어두었던 귀인가
소라 껍데기들이 빛이 되기 전에
사라지는 소리들을 들으려
몸을 둥글게 말아쥐고 있다

당신 눈에 묻은 바다를 털어내면
둥글게 흐르다 멈춰버린 소리들이
수평선으로 흘러나온다

남해에서

정 원

봄날엔,
탁 트인 남해의 쪽빛 바람을 맞을 일이다
유채꽃 설렘이 남해를 병풍처럼 두른 다랑이 논 어디쯤
자분자분 밟고 오는 봄소식 하나,

때룽때룽 울리며 오는 우편함 소식처럼

비둘기 다리가 붉은 이유

정원도

꾹– 꾹– 꾸꾹–
가늘고 짧은 붉은 다리 하나가
숲 속 깊숙이 숨어서 울고 있다

기억을 넘나드는 두 어머니 사이에서
붉게 목이 메던 아이처럼

더디 지나가는 여름 한때를
참다못해
울다가 지친 두 다리가
붉게 물들었다

뜨거운 태양을 피하는 한여름 정오의
수풀 속이 너무 가볍다고
쉴 새 없이 꺼억꺼억 울어대다가

가늘디가는 두 다리가
붉게 물들었다

별 물

정윤천

너 때문에 목이 말라서 마실 물 한 잔을 따랐는데, 그릇 안에 별 모양 같은 게 떠서 어른거린다. 무슨 수로도 건져내지 못하고 말았다.

어쩔 수 없다.

마른 목 속으로 천천히 별 물을 들이켜고 말았다. 그때부터 손바닥에도, 손바닥이 스치는 뺨 위에도, 틈만 나면 묻어나오던 별의 기척을 어쩌나. 너 든 가슴은 또 어쩌나.

네모세상

정이향

온종일 뛰어다니다 건너온 저녁에
충혈된 눈이
컴퓨터 자판에서 네모난 이야기만 한다
돈도 네모 마트도 네모
지갑도 네모 집도 네모다
일기장에서도 각이 잡힌 네모 집을 짓고
쉽게 둥글어지지 못한
성격이 갇혀있는 가슴속도 네모
네모난 거실
한창 핀 꽃잎들을 밀어내고
다시 때 아닌 자스민꽃이 피었다
떨리는 손으로
꽃잎을 쓰다듬으며
붉은 웃음을 마주한다
충혈된 눈 속에
자스민 꽃잎이 네모로 보였다

풀씨

정일관

가을 내장산
들어갔다 나오니
양말에 풀씨 몇 개 따라왔다.

오랜 풀들의 기억을 담고
길섶 주위로 능청스레 피어있다가
바람에 흔들리는 척하며
양말에 묻혀 보낸 풀씨 몇 개.

오이처럼 갸름한 모양인데
한 끝에 잔가시가 돋아나
안간힘 다해서 매달린 풀씨 몇 개.

손바닥에 올려놓고 건드려본다.
정녕, 이 속에 다 들어있단 말인가.
아름다운 사명감으로 더욱 단단하구나.

가을 내장산
들어갔다 나오니
새봄 미리 내장(內藏)한 풀씨 몇 개가
푸른 사연 동봉한 채 날 따라왔다.

악사

정일남

귀뚜라미는 오른쪽 날개와 왼쪽 날개를 비벼서
첼로를 켜듯이 소리를 낸다
음객이 유배되어 온 가을 달밤에
귀뚜라미는 우는 것이 아니라
길벗들을 불러모아 작별을 연주한다

유주의 내력

정재분

수수억년
무성한 소문의 주인공 그것은
영원,

있다 없다
공방을 예감한
허공의 젖가슴이 기른 은행나무는,
영원의 형식

사람보다 먼저
영화 속, 쥐라기 공룡보다 먼저
우주의 서책 행간을 마저
읽고 늘,

바람의 언어,
타르쵸 어법으로 말했을 것인데
귀 어둔 사람이라도
들었을 것이나 여전히,

지구의 기울기로 있네

탄소동화작용

정정례

은행나무 아래 서니

초록물이 뚝뚝 떨어진다

풋풋한 냄새가 온몸에 배어든다

이 안에서

오장육부가 물든다

혈관을 타고 초록빛 물 흐르는 소리

한 그루 나무가 되어

한 줄기 햇살이 몸을 관통한다

바람이 뼛속으로 지나간다

유월의 몸이 여물어간다

발걸음소리에 가지를 뻗을 때

정지윤

몰려다니는 소리 들리지 않는다

벚꽃 아래 나는
먹먹하게 환하다

벚꽃들은 바깥쪽을 향해
대낮은 어둡다고 외친다

여기저기 셔터 누르는 소리
사진 속으로 들어서는 어깨들 싱싱하다

카메라와 벚꽃과 나는
서로 바라보며
빨아들이기에 여념이 없다

다음엔 무엇을 할까

머무는 것들의 불안과
머물지 못하는 것들의 불안과 상관없이
열었다 닫고 가는 나무를
나는 덜컥, 안아주고 싶다

소리 없이 한 뼘 더 가지를 뻗어본다

은행나무 경전

정하해

닿는, 어떤 냄새도 다 스쳐온 것처럼

그런 그대가 거기 있다길래
세상의 모든 길을 갈아엎었다, 나 하나쯤 들어낸 곳이야

하고많은 부처를 지나

온몸 부르트게 걸었다
그대의 한 풍경이 세상의 슬픈 경전을 안는다 하여
의문인, 생애 불임을 데리고 종일 그대를 외었다
몸을 축이는 한 모금의 빗방울
길잡이 같아

이미 나무 아래 그대가 내어준 손바닥들

천수천안 그 손바닥 위는, 홀로 떠나온 정처들로 만원이다
저 손바닥 오르는 일이 내일이었던 것처럼
비로소
그대를 읽는 몸이 노랗게 해탈 들어 이, 또한 슬프고 아파

은어를 낚다

정　호

회야강 자갈모래 물길
낚시 드리우고 은어를 낚는다
한순간의 전류가 릴을 타고 흐르길 기다리지만
찌는 듯한 무더위만 찌를 물고 있다
담배 한 대 태우는 동안
또 한 무리의 은어떼가 물살을 거슬러 올라온다
바야흐로 짝짓기철이다
자갈모래 퍼내며 산란탑을 쌓다가
물낯에 내 그림자만 얼비쳐도
은회색 배때기만 번뜩번뜩 뒤집으며
직유의 물살 환유로 따돌리며
순식간에 행간을 빠져나가 글자 뒤로 숨는 사금파리떼들
어디서 오이꽃이 피는가 입안에
오이 수박 향 가득 괸다
물 가장자리로 그 꽃들을 끌어내고
접었던 물길 다시 펼친다 물낯 같은 종잇짝 위로
줄글들 돌돌돌 흘러내린다
냇바닥, 이저리 널린 글자갈 틈에 숨은
수박 향 담백한 은어(隱語) 몇 마리 낚아올린다

낙관

조경순

하나를
들이기 위해
살과 뼈를 깎아내고

일말의 적의도 없이
비워내는 저 고요

허공에
못 하나 치고
꽃이 핀다
환
하
다

은행나무 가로수

조국성

노란 은행나무가 늘어선 도로변
어디서 이상야릇한 냄새가 난다
똥구린내도 발고린내도 아닌
관능을 자극하는 냄새, 수상하다

노란 제복을 입은 남장여인이
잠입해있다는 소문, 흉흉하다

가로수 아래 노파가 쪼그려 앉아
무슨 증거물이라도 없애려는 듯
주섬주섬 무엇인가 주워 담는다
정체가 드러난 여인, 추방이다

은행이 지천이다 지천꾸러기다
아직 남자를 대우받는 곳, 있다

돈도 못 벌고 사내구실도 못하는
한 노인이 구박을 한 짐 진 채
가로수 사이로 다가와 우뚝 선다
눈물겨운 가로수 한 그루, 노랗다

모계의 꿈

조 명

할머니는 털실로 숲을 짜고 계신다. 지난밤 호랑이 꿈을 꾸신 것이다. 순모 실타래는 아주 느리게 풀리고 있다. 한 올의 내력이 손금의 골짜기와 혈관의 등성이를 넘나들며 울창해진다. 굵은 대바늘로 느슨하게, 숲에 깃들 모든 것들을 섞기면서. 함박눈이 초침소리를 덮는 한밤, 나는 금황색 양수 속에서 은발의 할머니를 받아먹는다. 고적한 사원의 파릇한 이끼 냄새! 저 숲을 입고 싶다. 오늘 밤에는 어머니 꿈속으로 들어가 한 마리 나비로 현몽할까? 어머니는 오월 화원이거나 사월 들판으로 강보를 만드실지도 모른다. 그러면, 이백여섯 개의 뼈가 뒤틀린다는 진통의 터널, 나는 통과할 수 있을 것이다.

기질

조영심

누가 이 산자락 된비알에
황토지 한 장 비스듬히 뉘여 놓았을까
깡마른 소나무, 허리 비틀어
문진 삼아 양 끝을 누르고
먹물을 갈고 있네
묵향 번지고
솔향 깊어지네

이랑이랑 먹 가는 소리
고랑고랑 먹물 메기는 소리
한 노인 이마에 쟁기 줄을 메고
또 한 노인 뒤에서 쟁기잡이 되네

씨앗이 앉을 자리 바람길 내 줄 자리
먹물 한 방울 흘리지 않고
가볍게 붓끝 거슬러 중봉으로
힘을 나누되 머무르지 않고
가벼우나 게을러 보이지 않게
획의 마디마디를 꺾임으로 눌러주네
가슴 복판까지 먹물 배이네 번질세라
햇살 밟아 다지면서
깊이로부터 생기를 불러내고 있네
기운 가득 찬 획을 긋고 있네
마음 밭을 갈고 있네

푸른 목걸이

조옥엽

마음의 지층 내려앉아
끝없이 내려앉아
더 이상 기대할 게 남아있을까
맘 설렐 일 있을까
의문스러워질 때면 찾아가는 이슬받이
기다렸다는 듯 눈뜨는 완두콩꽃
낯선 눈길에 붉은 입술이 파르르
빨개진다는 것은
불을 피워 올리고 있다는 것
식어버린 땅을 하늘을
데우고 있다는 것
꿈꾸듯
하얀 날개에 안긴 손톱만한 입술
끝내 주머니에 눌러 담고 말았던
서러운 이야기들
눈물방울들
침묵의 깊이만큼
아픔의 크기만큼
단단히 여물어가는
푸르디푸른 혼들

나무 중생

조현설

영국사 천년 은행나무는
가끔씩 울음 운다는 그 나무는
무슨 일인지
제 줄기를 땅에 꽂아 새로
새끼 은행을 낳아 키우고 있다.
뒷산 부도 곁에 웅크린 소나무는
어릴 적 남남처럼 헤어지더니
무슨 일인가
오십 년 만에 손을 내밀어 다시
연리지를 이루었다.
천 년이나 오십 년이나
적멸 위에 한 탑 한 탑 쌓아가는
나무들의 용맹정진
영국사에 가서 비로소
나무도
짐승인 줄 알았다.

천태산 은행나무

지성찬

하늘이 터를 내린 신령한 천태산엔
남으로 섬진강이 북으로는 금강이 흘러
심장이 뛰는 자리에 은행나무 우뚝 서다

옹이 박혀 늙는 중에도 초록빛 옷을 두르고
열일곱 눈빛으로 사랑을 얘기하더라
아무리 세월이 흘러도 사랑은 늙지 않더라

천년 세월에도 푸른빛을 잃지 않네
화살로 꽂힌 비에도 휘지 않은 곧은 풍모
구름도 가지에 걸려 떠나지를 못하네

겹겹의 나이테가 그의 몸을 묶고 있어도
화엄(華嚴)의 진리에 앉아 극락을 누리고 있네
세상을 모두 들어도 모른 체 눈을 감고

얼만큼 세월이 흘러 당신처럼 될 수 있나
그 적막이 너무 무거워 다가설 수 없는 품격
천태산 은행나무는 나무들의 신(神)이다

세상사 모든 인연 가만히 내려놓으면
가을의 끝자락에 금화처럼 부신 자태
철문(鐵門)을 굳게 닫고서 묵시록(默示錄)을 쓰고 있다

알리바이

지연식

(언제부턴가 그는 공원에서 무단거주했다)

엊저녁, 바람이 근무하는 파출소에 이웃 담장에 사는 능소화의 제보가 들어왔다 누군가 은행나무에 방뇨하고 달아났다는 것이다 날이 새자 바람이 쏜살같이 달려와 그의 얼굴을 덮고 있던 신문을 확 잡아 젖혔다 그를 날카롭게 주시하던 바람이 몽타주를 들이대며 말했다 바짓단에서 나는 이 악취가 의심스러우니 조사를 해야겠다고 양팔을 끌어당겼다 이 광경을 목격한 은행나무가 그게 아니라고, 이 냄새는 지난가을 내가 흘린 거라고, 알리바이를 증명할 수 있다고 매달렸다 소란스러움에 놀란 몇몇 플라타너스와 비둘기 두 마리가 고개를 끄덕이며 합세했다 바람이 그를 데리고 사라졌다

그 사내는 은행나무와 3년간 동거했다
그들의 존재를 알 수 있는 것은
오직 냄새뿐이었다

나무에게 용서를 빌었습니다

지 인

나를 닮은 나무를 만났습니다
정신없이 사느라 봄이 어느새 지나갔는지
가을이 왔는지 모르는

내가 사는 오래된 아파트단지 꽃사과나무 가지에
기쁨인 듯 슬픔인 듯 붉고 푸른 열매가 열렸는데
그 가지 사이사이에 분홍 꽃이 피었습니다
가을인데 봄이 온 줄 아는,

(지구 온난화 현상으로 여름 내내 비오고 태풍 불어
기온이 낮았다가 태풍이 지나가고 기온이 올라가서
나무들이 봄이 온 줄 알고 꽃을 피운답니다)

사람인 나는 나무에게 용서를 빌었습니다

함께 있고 싶은 것들

진 란

혼자이면서도꿋꿋한여자의머리카락에스민바람한점
허공에수놓은구름처럼바위고개언덕에숨어핀구절초
피었다가지면서도향기를놓아버리지않는국화송이들
한잎한잎뜯어서투박한그릇에띄운마른가을꽃잎한잔
뜨거운울음삼키다다시내뱉기도전에흘러가버린시간
불을지피지못한담배를입에물었다잠을놓쳐버리는꿈
풋향이채가시지않은술병에쓸쓸함을녹여버리는시인
다하지못한말을꾹꾹밟으며산에올라땀을훔치는남자
어느먼곳에나부끼는향수처럼네빈집에들어앉은허허

그 품 속

천 년의 사랑

차승호

천 년을 살아온 은행나무 앞에
나는 서 있네, 옷깃 사이로
목덜미를 깨물고 바람이 지나가네
옛사랑은 가슴보다 살갗이 먼저
서늘하게 기억하는 걸까
영동행 흔들리는 버스 안에는
아는 사람 없었는데
누군가 나와 동행했는지, 기척도 없이
내 발자국 따라온 것인지
천연덕스럽게 함께 서 있네
사람들 사이로 은행잎 떨어지네
포즈를 취하고 사진을 찍는
즐거운 표정이 노랗게 물들어가네
여기, 천태산 은행나무처럼
천 년을 이어가는 사랑 있을까
가늠할 수 없는 시공 앞에서
내 사랑은 가을처럼 무색해지네
배경만 바뀌면 금세
술병 속으로 저물어가는 옛사랑
천 년의 끝에서 만나보고 싶네

천태산 은행나무

최기종

천태산 영국사에
오래 묵은 은행나무가
가지가지 황금 이파리를 달고 있으니까
천태산이 저렇게 높구나
그냥 오래 묵은 것이 아니라
천 년이 넘도록 영국사를 지키면서
나라의 대소사를 올록볼록 표피에 새기면서
민생들의 안식이 되고 위안이 되고 믿음이 되니까
천태산 골짜기가 저렇게 깊구나
그냥 천 년을 지켜온 것이 아니라
땅속으로 깊숙이 뿌리박고
어제도 오늘도 우뚝 깨어나서
세상살이 굽어보고 살펴주니까
천태산 하늘이 저렇게 푸르구나
천태산 은행나무
천수천안 이파리 달고서
새들도 벌레도 대추벌도 기르면서
다순 기미처럼 그늘을 늘리니까
온누리 금으로 물들었구나

참꽃 같은

최서림

속이 텅 빈 말의 배를 눌러
시를 게워내게 하고 싶지 않다
사물의 껍질에서 끝없이 미끄러지고 마는 말로
시를 주물럭거리고 싶지는 않다
염통이 팔딱팔딱거리는 말로
구멍투성이 말랑말랑한 말로
통통하게 살이 오른 말로
참꽃 같은 시를 낳고 싶다
참말로 먹을 수 있는 시를

하구에 서다

최세라

흐르며 망설이며
메리야스뜨기로 느려지는 물살

자정을 지나 깊어지는 수심에
온몸 으깨어지던 새벽과
스밀 곳 찾아
모래와 논을 기웃대던 한낮
흙덩어리 긁어모아 기다란 둑 쌓던
저녁이 다 들어있다

처음 보는 수평선이
두 개의 대바늘을 움직여
심해로부터 붉은 해를 건져 올리는 동안
안쪽과 겉을 번갈아 뜨던 어린 새들
겨드랑이 열어 품을 늘린다
철새의 행렬 따라

강이 바다로 무늬지어 들어가는 곳
물조차 소금에 절이는 하구에서

흐르는 물은 한 번쯤 고인 적이 있다

천태산 은행나무

—나도 무화과(無花果)

최순섭

꽃 피울 새 없이 아이들 낳고
세월만 흘렀다

서러워 마라 지상의 나무들아
뼈마디 꺾이고 흐느끼는 것이 어디 너뿐인가
언제 우리 환한 꽃 한번 피워낸 적 있더냐
천 년이나 살아온 나도
꽃 필 때마다 핀 듯 만 듯, 그 꽃들
세상에 왔다 가기나 한 건지

꽃 목이 떨어지고
진물 고인 잔가지에 새순이 돋자
비로소 열리는 하늘

그래서 지상의 나무들은 모두 무화과(無花果)
크든 작든 상처 끝에는 열매가 달렸다
무공훈장처럼 달랑달랑
새하얀 구름 젖 물고 달달한 숨 내쉬고 있다

시간의 빛깔

최일화

나무마다 제 빛깔로 물들고 있다
밤나무는 밤나무의 빛깔로
떡갈나무는 떡갈나무의 빛깔로
젊어선 나의 빛깔도 온통 푸른빛이었을까
목련꽃 같던 첫사랑도
삼십여 년 몸 담아온 일터도
온통 꽃과 매미와 누룽지만 같던 고향마을도
모두 제 빛깔로 물들고 있다
늙는다는 건 제 빛깔로 익어가는 것
장미꽃 같던 정열도 갈 빛으로 물들고
농부는 흙의 빛깔로
시인은 시인의 빛깔로 익어가는 아침
사랑과 미움, 만남과 헤어짐
달콤한 유혹과 쓰디쓴 배반까지도
초등학교 친구들의 보리싹 같던 사투리도
입동 무렵의 빛깔로 물들어가고 있다

쭉정이

최재경

어머니 젊어 한시절
밤이면 푸른 잠을 자고, 아침이 오면
그렁그렁 우는 아이들에게 모자란 젖을 물리고 있었다
미지근한 체온이 뙤약볕에 데워지고
가을이 다할 때까지 속이 까맣게 타들어갔다
아직도 기다림이 남은
고요하고 쓸쓸할 것 하나 없어도, 자꾸 슬퍼졌다
무서리 다녀가고
일렁이는 울음도 다 삭은
시래기만 남은 배추밭으로 푸짐하게 눈이 내렸다
옥수수밭에 갔더니
아기를 업은 채 엄마가 죽어있었다
꼿꼿하게 서서 얼어 죽었다
아기도 칭얼칭얼 울다가 잠자듯 따라 죽었다
기척도 없이 마른 소리로
포대기 끈이 바람에 날렸다

은행나무

최정란*

처음에 저 약속은 약손가락 굵기만 했다
나는 별똥별 반지를 끼워주겠다고 했다

바람의 바깥에 세계를 낳는 저 풍만,
바람 속으로 세계를 불러 모으는 저 유쾌,
바람 속에 피라미드를 세우고
새로운 약속으로 바람을 채우는 저 긍정,
미래가 모래로 흘러내리도록 바람의 내부에
차가운 망각을 흩어 뿌리는 저 대담,

내가 세상을 떠도는 사이, 약속은 자라서
잎들이 안드로메다 성운에 닿고
뿌리가 블랙홀 입구까지 뻗어갔다
마침내 금환일식이 어울릴 만큼 거대하다
약속을 지켜야 할 때가 가까워지는데
목하 고민 중이다 반지를 어떻게 만드나

비 갠 오후 산허리에 걸린 무지개를 모은다
누가 무지개를 이어 반지를 만드는
보석상을 추천해준다면, 얼마나 좋을까!

* 경북 상주 출생

가을 산행(山行)

최정란*

다가서면 물러앉고 안겨들면 떠날 듯한
저만큼 앉은 자세 눈을 감고 묵시(默示)한다
가랑잎 떨어지는 소리에 놀라 깨는 산사(山寺) 한 채……

해 지면 갈까마귀 어디서 어딜 가나
그림자 홀로 밟고 그 세월을 거닐으면
넉넉한 가슴도 되는가 바람결 속 나목(裸木)들은……

불 지펴 타올라라 꿈길이며 심장이며
모두가 떠나감은 나 또한 이별인가
마음속 병풍(屛風)을 치고 아랫목에 앉는 산아.

* 충북 영동 출생

달이 강을 건넌다

최정연

저물녘

또르르또르르

찌그러진 양은냄비마냥

더 이상 망가질 수 없다는 듯

또르르또르르

물살을 가르며

둥글게 몸을 편다

그리움

최지하

노란 비늘을 털어내는
거리 한복판에서
뒹구는 바람을 줍다가
빈 가지 끝에 실려
혼자서 앓고 있는
가을을 보았습니다
보내도 떠나지 못하는
당신처럼 미련하게

집시의 시간

최춘희

검은 콜타르처럼 엉켜있는 심연에서 피어 올린
가시꽃들, 꽃의 울음이 세상의 모든 길을 삼켰다
망각의 동굴 속에 잠들어 있다 유령처럼 깨어나는 너
아랫배에 박힌 날카로운 칼의 존재를 기억하며 죽어서도
몸을 떨지 조율 안 된 음처럼 비명을 지르며 튕겨나가지
이것 아니면 저것, 매순간 선택을 강요당하는 신의 피조물
나는 너를 만질 수 없다 너는 이미 죽었으므로
치명적 독성을 품은 가시 꽃의 향기는 어디서 오나
그곳이 천국인지 지옥인지 알 수 없다

증발하는 궤도

최형심

세상의 축제는 둥글다. 침묵이 키운 과육이 단단해질 때, 축제가 끝난 폐허에서 텅 빈 회전목마와 공중관람차가 적요의 질감으로 증발하고 있다. 공중의 골격이 둥글어지고 혼인비행의 궤도를 따라 반달이 기울 것이다. 수백 개의 행성이 사라진 자리, 침묵이 키운 것들은 어깨가 패였다. 쌍곡비행운을 따라 일직선의 길 하나가 날아갔다. 문득, 비행운은 하늘에서 사라진다.

그리고 가을,

미열이 붉은 궤도를 가진 나무가 서 있다. 과육 속으로 고요한 공전이 차오른다. 무문(無紋)의 지문으로 더듬던 공전주기가 짧아지고 서로를 끌어당겨 통점이 된다. 제 몫의 별들을 챙겨 떠도는 것들은 붉은 궤도 바깥에 이르러 결정(結晶)이 된다.

물방울을 나온 우주가 씨앗으로 도지고 있다.

밤과 낮의 조차(潮差)를 빌어 비가 오고, 속눈썹까지 그리움이 번진다. 속이 텅 빈 공전은 무정형의 흔적으로 땅 밑을 파고들 것이다. 시월의 내면이 묽어지면 밖으로 내몰리는 온기는 허물이 된다고 오래된 허공과 무성했던 적막들을 빨아올린 궤도가 빛으로 빠져나온다. 태초의 언약을 묵독한 것들은 홀씨가 될 것이다. 멀리 누군가 폭설을 예언한다.

그리고 씨앗.

바람길

태동철

산바람 내려오다 쉬어가고
들바람 올라가다 멈추는 곳
은행나무 아래 바람길

매미 노래소리 창창하다
참새 수다소리 시끌하다
장군, 멍군 장기판 유비 조조 살아있다
말굽소리로 들려오는 코 고는 소리
바람길은 사는 길

바람이 실어오는 새 소식
바람이 던지는 새 기운
바람이 스치는 스킨쉽
바람이 가슴에서 가슴으로 헤집고 들면
바람길이 트인다

너와 내가 소통의 바람이 일어야 바람이다
은행나무 아래 바람길에 있으면
나도 바람이 되어간다

장대의 향토사

하종오

비싸게 사서 돈 들여 고친 기와집 마당가
알알이 은행 익은 은행나무를 후려치려고
외지 사내가 장대 빌리러 다녔다

철제대문 부서진 앞집을 외지 사내가 찾아가니
바깥퀸은 대문 고치다 말고 장대 들고 마당에 서서
오갈병 든 대추나무를 쳐다보던 것이었다

벽돌담 무너진 뒷집을 외지 사내가 찾아가니
바깥퀸은 담 고치다 말고 장대 들고 마당에 서서
해거리하는 감나무를 쳐다보던 것이었다

외지 사내는 절로 떨어지는 은행만 주워서
삼분지 일은 앞집에 갖다주고
삼분지 일은 뒷집에 갖다주고
나머지만 먹었다
부락에 이사 와서야 흙바닥에서 주워 먹어 보았다

혼불

한성희

나무의 혼이 머무는 곳이 모두 가을이다니
이보다 잎 넓은 나무가 있을까?

노랑 불길이 수천수만 리를 굽이쳐 생사의 맨발을 그치게 하다니
이보다 큰 힘이 있을까?

뿔뿔이 흩어졌던 부리와 날개들을 불러모아 계절을 배불리고 한세상을 세우다니
저 찰랑이는 혼불에 흔들리지 않는 생명이 어디 있을까?

적빈(寂貧)의 땅에서 찬란으로 아롱거리며 그윽이 투명해지는
적멸(寂滅)이 여기던가!

천태산 은행나무를 호위하던 혼령들이 천수천안(千手千眼)을 내려주니
구겨진 마음을 펴고, 거친 등을 다독이며 가을이 구순해지고 평평해진다

물보다 부드럽게, 불보다 뜨겁게, 먼발치서 묵은 허물이 나무를 태우고 있다
영혼의 궤적을 그리며 미궁으로 향하는 나무의 열반

나무는 푸른 날갯짓 이전에 불로 살아왔다

가을은 아직 거기 있었다

한소운

때 이른 폭설이 내리고 눈도 녹지 않은 겨울밤, 달빛이 하도 고와 밤마실을 나갔다. 산책길에서 만난 노부부, 긴 작대기로 가로수 가지에 걸린 둥근 달을 자꾸만 끌어내리고 있었는데, 아까부터 달만 보고 걷던 내 눈에 할아버지는 달을 따는 것이 아니라 자꾸만 나무를 후려치고 계셨다. 작대기를 휘두를 때마다, 가지에 걸려있던 달은 어느새 하늘 높이 도망가 있었고, 바닥으로 주루룩 떨어지는 것이, 달이 도망가다 똥을 내질렀는지 사방 구린내가 진동을 했다. 그 구린 것을 마다않고 할머니는 열심히 주워 담으시고 할아버지는 힘에 부친 듯 헛기침 같은 웃음을 '허허' 하시며 가끔씩 헛손질에 작대기가 허공을 치는데, 그때, 산산히 부서지던 달빛 좌악 길 위에 깔리고 그 달빛 밟고 때를 놓친 누군가 깊은 겨울을 건너가고 있었다.

손님

한영채

동백나무 이파리 사이로 햇살이 왔다
가늘게 휘어진 보리수 가지를 오가는 직박구리 두 마리
노란 부리에 붉은 열매를 물고 카카카 장난질이다
뒷집과 앞집을 잇는 전깃줄에 제비 세 마리
한 방향으로 앉아 재재재재거리다 날아간다
멀리서 뻐꾸기소리 꺼억꺼억 구성지게 지나가고
마당에서 놀던 제제도 컹컹컹 따라 짖는다
줄무늬 호랑나비, 정원을 돌아 훠훠 날아갔다
남천 아래 고요는 햇살을 품고 자릴 잡은 곳에
유월 시선, 한참 머문다

꽃그늘 아래서

해 림

진달래 꽃잎에 부전나비 한 마리 날아들었다

강아지풀 위로 무당벌레 한 마리 숨어들었다

뿌리 있는 것들은 모두 귀환하여 돌아오고

쪼아대는 햇살에 나무들이 몸을 열어

수만 개의 잎을 수만 개의 꽃을 피워내었다

푸른 숲 푸른 잎 노란 꽃 빨강 파랑 하얀 꽃

세상을 향해 색색의 물감을 풀어넣는 이 있다

생명의 숨결을 끝없이 불어넣는 이 있다

돌나물

해 인

십 리 밖 흙냄새를 끌어와
바위 틈서리에서
마디마디 뿌리 내린다

화탕지옥과 한냉지옥을
오가며 피워내는 별꽃
저, 난처한 아름다움

새콤, 달콤, 쌉싸름한
육바라밀 돌꽃 뼈의 향기

초록빛 아름다움

허삼수

속마음 감춘 채 노오란 미소만을 보여주는 너
들킬세라, 들킬세라 꽉꽉 숨어있어도 결국 떨어지는 건 단단한 너의 자존심
화가 난다고, 고약하게 성질을 부려도 난 다 알아 네 안에 담긴 초록빛 아름다움을
화가 나서 김이 모락모락 나는 너의 초록빛 아름다움에 살며시 키스하면 빛나는 내 눈동자
그곳에서 발견한 숨 막히는 옛 향기
어머니, 아버지, 누나 온 가족이 빙 둘러앉아 정겨운 초록 보석 웃음과 함께 곁들여 나누어 먹던 시절이 있었지
추억이란 그리움 위로 노오란 미소 살포시 내려오면
함께 쌓이는 건 눈부신 햇살 그리고 오늘의 나…

은행나무 풍경

허승자

고향집 마을 어귀를 지키고 선
아름드리 은행나무 아래 멈춰 선다
고개 들어 나무 위를 바라보면
포도알 크기만한 열매를 매달고
가지를 살랑살랑 흔들고 있는 게 눈에 든다
은은한 향이 책처럼 차곡차곡 쌓인다
깊고 두터운 초록으로 넘실대는
무시무시한 환청이 내게서 들썩인다
한 그루 나무가 만들어낸 들녘엔
이글거리는 태양으로 가득하다
내 그리움과 맞닿아있는 가지는
바람이 조금만 불어도 갈채를 연발한다
팔 벌린 거대한 잎의 둘레를 본다
한세상 정처 없이 떠돌다 다가서도
달빛이 그림자 이끌고 휘이청 기울어도
하루같이 사삭사삭대는 부빔들
폭염으로 가득 찬 여름 한낮
녹색의 극점에서 지난날 기억을
흔들어대는 아름드리 은행나무
의연히 제 자리 지킨 저들만의 삶으로
흔들리지 않고 굳건히 서 있다

은행나무가 있는 풍경

허형만

천태산에서 천 년도 더 살아오신
은행나무를 찾아뵈오니
가랑 가랑 가랑비 속 한밤이 되었다
샛노란 이파리들이
빗소리를 지상으로 흘려보내면서도
어느 잎 하나도 흐트러지지 않았다
은행나무 뒤편이 환했다
빈자일등(貧者一燈)
잘 익은 감들로 묵묵히 등을 켜 든
감나무 가지 또한 휘어짐이 없었다
비로소 어디선가 물 흐르는 소리
한 줄기, 시린 가슴을 스쳐 지나가는데
소리는 작으나 들리지 않는 것이 없다는 듯
은행나무 한 가지가
물 흐르는 소리 쪽으로 살짝 흔들리는 게 보였다

가을 단상

혜 조

저녁 해거름
긴 그림자 안고
돌아가는 이,

스치는 소맷자락
가만 여미어오는
소리
문풍지 소리.

안마당 고추내 닮은
저녁노을
뚝 뚝
떨어지고 있다.

색맹

홍사성

구경해보셨는지

양산 통도사 구룡지 앞
삼백 살 고매
붉은 꽃봉오리 터뜨리는

그 숨 막히는 경이

도령이와 국화

홍정임

도령이 엄마는 늘
도령아~
도령아이~
하고 불렀다

이름이 도령일수도 있구나
생각했지
도령이 동생이 국화인 건 몰랐다

도령아~
도령아이~
부르면 차돌처럼 반짝이는 아이가 뛰어갔다

사람도 물렁하거나 단단한 질감이 있구나 느꼈지
도령이 누나가 매화인 건 몰랐다

매화 아래 도령이
도령이 아래 국화
하이야~
마흔다섯 해 전 그 이름들이 찰랑찰랑
물결 같고 팔랑팔랑
눈발 같다
설렌다

동안거(冬安居)

홍하표

산그늘 지나고
풀섶 한 모퉁이 홀로 누워
생각에 잠기고 있었다
어데선가 한 줄기 바람 불어와
고개를 들고 보니
바람 지난 자리엔
텅 빈 고요만 남아있고
생강나무 마른 가지엔
철 지난 묵은 고엽(古葉) 한 이파리
박쥐인 양 거꾸로 매달려 고요를 삭히고 있다

깊은 주름살 그 안쪽,
눈물샘 찌르는 매운 물기
내 영혼의 슬픈 눈*

* 이형기 시인의 「낙화」에서 인용

야생초

홍혜원

이름 모를 야생초
뜰 한쪽 자리 잡아 꽃피우고 있다

아마 산에서 날아온 저 씨앗은
잘 가꿔진 꽃들 옆에
기죽지 않으려는 듯 고개 내밀고 있다

초대받지 못한 장소에서
홀로서는 당당한 저 고집이
앙증스럽기도 한데

그 누구도 흉내 내지 못할
순박한 뜻 지닌 채 뜰 한쪽 지키고 있다

별빛도 달무리도
아침이슬도
제 양껏 받아들이면서
특유의 눈빛을 보내고 있다

순수한 야생의 빛깔 잃어버린 내 생애가
자꾸 뒤돌아 보이는 순간이었다

박태기나무

황구하

한 계절을 굶주리고도 여자는 배가 부르다

수천수만 송이 꽃알 단박에 낳고
또 입덧을 하고 있다

집 천장 높지 않아도 새로 돋는 별
자잘한 가지에도 하늘이 걸린다

폭설 지나 빗물 속으로 녹아내리는
붉은 구름 태기가 슬어
햇빛 한 줌
바람 한 숨통 들이키며
열두 달을 거느린 수척한 얼굴

난생 누대의 뿌리로부터
피가 돌고 있었던가
투두둑 터져 나오는 꽃알 꽃알 몽우리

세상 모든 꽃의 자식들
지느러미 살랑이며 돌아오고 있다

아무것도 먹지 않아도 크음큼 배가 부른 여자

씨앗과 새

황연진

어디서 굴러왔는지 알 수 없는 굳은 씨 하나

귀로 입고
코로 입고
혀로 입고
눈으로 입은
겹겹의 살을
어디에 다 벗어버린 걸까

콕콕콕 쪼아보니
부리 끝이 시큰해진다

모르겠다, 꽃들은 그 구멍 어디로부터 발화하는지

육만 원

황지형

일부러 힘든 척한 겨우내 뜯어먹었던 마음을
지팡이를 짚은, 검게 탄 얼굴을 뜯는다
누군가 힘든 얼굴을 하면 난 재빨리 팔뚝을 올리며
목 뒤에서 머리의 무게를 지탱한다
어머니를 낡은 소파에서 떼어낸다고 해도
철제 뼈대를 붙인 정강이를 걷어붙이고
마늘밭 풀을 매지 못한다
먹다 남은 신김치론 쑥덕거리는 입을 막을 수 없다
넘지 말아야 할 정지선을 두고 나온 말이란
일당 주면 잡초를 뽑겠어요
두 팔을 가슴팍으로 가져가 팔짱을 끼고
배꼽으로 내려 수많은 가능성을 건드리고 지나간다
속 타들어가는 도시근로자 하루 일당을 계산할 때
호주머니에 들어앉은 육만 원을 생각한다
이렇게 양심은 왼쪽 눈빛을 빗나가면서도
호미질에 체념 어린 쇠비름이 나가떨어진다
두 동강 난 지렁이가 오른쪽으로 꺾어진다
본능에 따라 먼저 나가는 헛손질처럼
현기증이 날 정도로 또다시 풀은 자라겠지만
강도를 이기지 못한 앓는 소린 출구를 찾지 못할 것이다
나쁜 일은 쉬쉬거리는 동네 사람들
쯧쯧, 금천댁인 줄 착각할 정도로 난 착해진다

영국사 은행나무

황태면

천태산에 가보니 하늘이
개울물에 담겨있더군.
담긴 하늘 속엔 영국사가
담겨있었어.

동성로*를 지나며
숱한 욕심들과 만나지만
하늘 담긴 개울물에는 욕심이 없었어.

왜 욕심이 없는가.
이 숲 속을 멈칫멈칫 지나치며
바라봤어.

아
부처님의 가피가
한 알 한 알의 은행으로
매달려있음을.

* 동성로: 대구의 번화가

아무것도 아닌

황희순

청개구리 날개는 언제 사라졌을까
사람의 꼬리는, 너를 그리워하던 내 마음은
언제 슬며시 사라진 걸까
쥐똥나무 울타리에서 청개구리가 운다
저거 무슨 새소리야?
지나가는 아이가 제 어미에게 묻는다
글쎄, 무슨 새지?
저렇게 우는 새가 있었나 생각하다 나도 그만
새소리로 듣는다
손톱만한 초록색 등에 노란 날개를 그려넣는다
그러니 얘야, 새로 알고 자라도 괜찮단다
태초 우린 모두 한 점에서 시작한 생물이니
뭐라 부른들 어떤가

천 년의 하루, 하루

2012년 8월 30일 1판 1쇄 찍음
2012년 9월 3일 1판 1쇄 펴냄

지은이 _ 천태산은행나무를사랑하는사람들
펴낸이 _ 양동문
펴낸곳 _ 詩와에세이

신고번호 _ 제319-2005-000014호
주소 _ (120-865) 서울시 서대문구 북아현동 1-495 세방그랜빌 2층
대표전화 _ (02)324-7653, 070-8877-7653
팩시밀리 _ 0505-116-7653
휴대전화 _ 010-5355-7565
전자우편 _ sie2005@naver.com
공 급 처 _ 한국출판협동조합
주문전화 _ (070)7119-1741~2
팩시밀리 _ (031)944-8234~6

ISBN 978-89-92470-78-0 03810